"La Doctora Mich[...]
a hombres y mujer[...]
gozo y sabotean las[...]
primordial de las n[...]
lo posible que pue[...]
las vidas de sus hijas. ¡Brillante trabajo! ¡Audaz y muy valiente!"

—Phil y Diane Comer,
co-fundadores/maestros de International Parents

"Diversos estudios han demostrado que los padres, tienen un impacto profundo en las vidas de sus hijas". Michelle ha creado justo el tipo de recurso que ayudará a construir una relación más fuerte entre padre e hija. Una relación que los unirá abriendo una línea de comunicación en la que exista profunda confianza y mayor comprensión entre ambos"

—Shaunti Feldhahn,
investigadora social, conferencista, y autora del bestseller *The Kindness Change, For Women Only, and For Parents Only*

"Mi padre y yo éramos muy cercanos cuando yo era joven, era "la niña de papi", pero cuando llegué a la pubertad, nuestra relación se hizo muy dolorosa y extraña. Yo me rebelé, y su necesidad de tener control de la situación fue mayor aún, y como resultado de esta pelea constante, me desheredó, me repudió. Así que para cualquier hija o padre que quiera una relación más profunda y cariñosa, este libro es un excelente camino para llegar al destino que buscan. Excelente lectura para padres e hijas sin importar la edad"

—Delilah Rene, conductora de radio, autora de
One Heart at a Time

"Como padre de tres niñas, este libro cambió las reglas del juego. Muchos padres crecieron sin un papá y por eso necesitan ayuda y consejo en como amar y apreciar a sus hijas, y demostrarles lo que deberían ser su expectativa de amor y de trato de parte de un hombre. Con consejos sabios y prácticos *Hablemos* puede cambiar tu vida y legado como padre. ¡Todo padre con una hija, necesita leer este libro!"

—John Finch,
contador de historias y creador de la película *The Father Effect*

"El Libro de la Dra. Michelle Watson: *Hablemos: Iniciando Conversaciones para Padres e Hijas*, ofrece grandes consejos para equipar a los padres a encontrarse con los corazones de sus hijas. Michelle ofrece guías de conversación muy sabias que ayudarán a tu hija a abrir su corazón y que generará una unión más fuerte contigo, su padre, la persona más importante en su vida. La infancia de Michelle, su preparación como profesional, y sus experiencias trabajando con padres, le ha dado un auténtico don para ayudarnos a tener conversaciones que tienen el potencial de cambiar nuestras vidas, mientras guardamos y guiamos los corazones de nuestras preciosas hijas."

—Stephen Kendrick,
fundador de *Kendrik Brothers Productions*, co-escritor de *War Room* y *Facing The Giants*, y co-autor del bestseller *The Love Dare*

"Soy el padrastro de una hija de diecisiete años, su padre biológico desapareció de su vida. Lograr construir confianza con ella fue como escalar el Monte Everest. Eventualmente, lo logré, pero hubiese sido mucho más fácil de haber tenido el libro *Hablemos: Iniciando Conversaciones para Padres e Hijas* años atrás."

—Dr. Joe Martin, Conductor del podcast, Real Men Connect

"Todo padre desea conectar con su hija(as), sin embargo, con frecuencia nos cuesta saber qué decir y qué hacer. La Dra. Michelle hace que esto se convierta en algo sencillo para nosotros, proveyendo de cincuenta iniciadores de conversación fáciles de seguir que les permitirán a ti y a tu hija charlar, reír, y comprenderse mejor el uno al otro."

—David Murrow, director de Church for Men.

"Ningún padre debiera perderse la lectura de este libro. La comunicación padre e hija puede llegar a ser muy complicada; este libro, te ayudará a lograr vencer el reto. Michelle es una de las expertas a nivel nacional que está contribuyendo grandemente en que los padres aborden el llamado más grande que tienen como hombres: ¡ser padres! ¡Compra este libro, lee este libro, léelo de nuevo, y cuando creas que ya entendiste todo, léelo de nuevo!"

—Jason Noble, pastor, conferencista motivacional, autor de *Breakthrough to Your Miracle*

"Mi hija tiene trece años. Estoy desesperado por saber cómo hacerle preguntas y que ella me responda con algo más que solo un "bien". *Hablemos*, es exactamente lo que necesito. La Dra. Michelle es compasiva pero directa. En cada tema, incluso los más difíciles de tocar, ella me dio un plan de acción. No encontré nada superficial, encontré una guía práctica e inmediata. Estoy muy agradecido."

—Marc Alan Schelske, pastor y autor de
The Wisdom of Your Heart

"Con *Hablemos*, Michelle Watson Canfield nos da el regalo de años de investigación clínica y experiencia en el campo ayudando a los hombres a convertirse en mejores padres para sus hijas. Su trabajo es fresco, accesible, práctico y funcional. Todo padre hallará un gran beneficio en este libro, y toda hija hallará beneficios al tener un padre presente."

—Bo Stern-Brady, autor de *Beautiful Battlefields*

"En un mundo en el que a muchos de nosotros (los padres) nunca nos enseñaron tan siquiera las bases de cómo amar a nuestras hijas bien, la Dr. Watson ofrece una estrategia brillante y con mucho conocimiento que me llena de esperanza poderlas aplicar en mis relaciones"

—Paul Young,
autor de *The Shack, Cross Roads, Eve,
y Lies We Believe About God*

HABLEMOS

INICIANDO CONVERSACIONES PARA PADRES E HIJAS

MICHELLE WATSON CANFIELD, PhD

Publicado por Bethany House Publishers
11400 Hampshire Avenue South
Bloomington, Minnesota 55438
www.bethanyhouse.com

Bethany House Publishers, es una división de
Baker Publishing Group, Grand Rapids, Michigan.

Impreso en Los Estados Unidos de América

Library of Congress Cataloging-en-Publication Data
Nombres: Watson Canfield, Michelle, autora.
Título: Let's talk: conversation starters for dads and daughters / Michelle Watson
    Canfield, PhD.
Descripción: Minneapolis, Minnesota: Bethany House Publishers, [2020]
Identificadores: LCCN 2019056303 | ISBN 9780764235689 (trade paperback) |
    ISBN 9781493425013 (ebook)
Sujetos: LCSH: Padres e hijas. | Padres e hijas. — Aspectos Religiosos — Cristianis-
mo. | Comunicación para familias.
Clasificación: LCC HQ755.85 .W38 2020 | DDC 306.874/2—dc23
LC récord disponible https://lccn.loc.gov/2019056303

Diseño de portada en Inglés por: Greg Jackson, Thinkpen Design, Inc.
Diseño en Español: Esteban Chávez, Red Balloon Media Group, LLC
Fotografía de portada por: Joshua Ness

Traducción al Español: Daniela Morales, Red Balloon Media Group, LLC

ISBN Español: 9798218143732

ÍNDICE

PRÓLOGO

Toda mujer, se lleva a un hombre a la tumba: a su papá. Si tuvo una buena relación con él, entonces desea más tiempo. Si la relación fue dolorosa, entonces desea hallar sanidad. La unión entre un padre y su hija es tan fuerte que tiene el poder de cambiar aquello en lo que una mujer se convierte. Tristemente, muchos padres no están seguros de cómo interactuar con sus hijas y varios se sienten intimidados al pensar en acercarse a sus hijas. Por ceder al miedo de cometer un error, no se dan cuenta de aquello que están dejando, por un lado.

Hablemos te enseñará cómo identificarte con tu hija, te ayudará a sobrellevar algunos de los problemas que puedan enfrentar tanto tú como tu hija, y te dará las herramientas para poder tener esa relación que tanto deseas tener con tu hija. Este es el mejor libro para ayudar a los padres a poner sus manos a la obra y comenzar a gozar de una relación con ellas que dure para toda la vida.

En el lapso de treinta años, como pediatra, me he dado cuenta de que las niñas ven a sus madres de una manera muy diferente de cómo ven a sus padres. Las niñas aseguran que sus mamás jamás las van a abandonar; deducen de manera subconsciente que, si nadie las quiere en este mundo, su madre sí lo hará, porque es su obligación.

Las mismas niñas ven el amor de un padre como opcional. Aunque sea un excelente padre y aunque sea comprometido, las niñas creen en su subconsciente que, si en algún momento el padre decide irse de su vida, lo hará. En la mente de una niña, la madre tiene la obligación de decir ciertas cosas, pero la aprobación de su padre nunca es algo esperado. Así que cuando un padre expresa aprobación, afecto y palabras de afirmación, ella creerá que puede alcanzar lo que se proponga.

La razón por la cual esto sucede es clara y fácil de intuir: Cuando una hija siente la seguridad que solo un padre le puede dar, ella se sentirá firme, estable y con los pies sobre la tierra.

Papá, hay tres verdades que debes entender. La primera, *tú eres quien introduce a tu hija al amor de un hombre*. Tú defines cómo serán las relaciones de tu hija con otros hombres por el resto de su vida. Si tú le expresas amor, seguridad y bondad, entonces ella sabrá confiar en el amor de un hombre. Si tú eres digno de confianza, entonces ella confiará en su hermano, su maestro e incluso confiará en Dios, Padre.

Segunda, *tu hija te quiere*. No importa si tiene tres, trece o treinta años, tu hija está desesperada por tu amor y palabras de afirmación. Ella desea con todo su corazón que tú la quieras y que quieras pasar tiempo con ella. Ella quiere estar segura de que nada podrá afectar el amor que tú tienes por ella.

Tercera, *tu hija te necesita*. Hay estudios infalibles que demuestran que, si una hija tiene a su padre, está menos propensa a sufrir depresión, ansiedad, está menos propensa a tener comportamientos que la exponen a altos riesgos, y tiene más posibilidades de alcanzar el éxito académico y social.

Saber lo que tu hija necesita o quiere, es muy importante, pero es simplemente el principio. No habrá necesidad de un trabajo completo de renovación, pero sí va a requerir que salgas de tu zona de confort que tendrá un gran impacto en tu relación con tu hija llevándolos a tener una unión más fuerte, que quizá jamás creíste posible.

Por eso necesitas este libro extraordinario. En *Strong Fathers, Strong Daughters*, explico el *por qué*, y en *Hablemos*, la Dra. Michelle explica el cómo. Aprenderás cómo hablar con tu hija, como escucharla y como divertirte con ella.

Papá, eres indispensable en la vida de tu hija. El amor y la conexión entre ustedes dos, no se compara con nada en el mundo. Hablemos te muestra exactamente cómo acercarte más a tu hija. No des lugar a dudas, demuéstrale que ella te tiene a ti completamente.

Meg Meeker, MD, meekparenting.com,

autora de dos libros bestsellers

Strong Fathers, Strong Daughters: Ten Secrets

Every Father Should Know

¿POR QUÉ ESTE LIBRO?

Vivo en el corazón de la ciudad de Nike. La iglesia en la que me congrego desde hace veinticinco años está en la calle donde están las oficinas centrales de esta compañía. Tengo tantos amigos que forman parte de la familia "Just Do It" (Solo hazlo) que no podría contarlos a todos. Algunos de ellos diseñan zapatos o ropa, otros, dirigen equipos internacionales y otros más están en el medio.

Quizá algunos de ustedes han leído *Shoe Dog*, la biografía best-seller de Phil Knight, uno de los co-fundadores de Nike. En este libro, comparte su experiencia desde el lanzamiento de una compañía en problemas, hasta que se convirtió en una compañía de treinta billones de dólares y el proveedor más grande de zapatos y ropa deportiva a nivel mundial.

Me he dado cuenta de que cuando el señor Knight habla, la gente escucha. Y que cuando el Sr. Knight habla acerca de las lecciones que ha aprendido en la vida, especialmente de las lecciones más duras y difíciles, la gente *realmente* escucha. De hecho, las reflexiones al final de su libro son de no perdérselas, invitan a tomar nota:

> Puede que sea interesante contar la historia de Nike. Muchas personas la han relatado o intentado hacerlo, pero siempre dejan la mitad de los hechos fuera, nada de espíritu. O viceversa. Puede ser que comience a contar la historia y termine arrepintiéndome. Los cientos, quizá miles de malas decisiones... Claro, después de todo, me arrepiento de no haber pasado más tiempo con mis hi-

jos. Quizá si lo hubiese hecho, habría podido descifrar el código de Matthew Knight. Yo sé que esto, de lo cual me arrepiento, se junta con lo que me lamento en secreto, y pienso: que puedo hacerlo de nuevo.[1]

El hecho de que el hijo del Sr. Knight, Matthew, murió en un accidente de buceo cuando tenía treinta y cuatro años, hace que estas fuertes palabras mencionadas por un hombre que, a sus setenta años, quien hubiera deseado estar más involucrado como padre, sean aún más poderosas. Leyendo estas palabras con el corazón, te invito a que te hagas la siguiente pregunta: *¿Quiero vivir con propósito o quiero vivir arrepentido en cuanto a mi papel como padre?*

Se que quieres vivir con propósito como papá, de otro modo no habrías adquirido este libro. Y sé que estás listo para buscar el corazón de tu hija de una manera activa, poniendo tu amor por ella en acción, específicamente interactuando y teniendo más conversaciones con ella.

Por eso me emociona el saber que encontraste un camino hasta aquí. Seamos honestos. Una mujer diciéndote cómo ser un mejor padre es algo inusual, ¿cierto? Sin embargo, los papás con los que he hablado en los últimos diez años, me han dicho repetidas veces que les ha ayudado mucho la perspectiva de una mujer en cómo ser más intencional en buscar una conexión con sus hijas.

Porque soy mujer, la mayor de cuatro hermanas, y porque he fungido como mentora y terapista para niñas y mujeres por más de cuatro décadas, creo que puedo decir que tengo autoridad en la materia cuando se trata de todo lo que tenga que *ver con mujeres*. Esto se traduce en el objetivo de este libro: *Ayudarte a descifrar el código de tu hija*.

Para mí, esto es una sociedad, tú y yo trabajando juntos. Vamos a colaborar en facilitar y abordar a tu hija con conversaciones relacionadas con todos los temas que te puedas imaginar, desde temas graciosos y divertidos hasta aquellos temas más serios e introspectivos. Y la mejor manera en la que puedes invitarla a ser parte de este proceso contigo, es simplemente decirle: "*Hablemos*".

Esto es lo que me gusta de estas dos modestas pero poderosas palabras con relación al propósito de este libro. Son:

- **Invitante**—Una oportunidad de crear un espacio en el que tu hija pueda ser vulnerable contigo, y al mismo tiempo, una oportunidad para que tú también lo puedas ser con ella.

- **Interactivo**—Esta es una conversación entre dos, en la que ambos tienen una participación compartiendo ideas y pensamientos. Hablando y escuchando.

- **Interesante**—Esta es una oportunidad de enfocarte en tu hija, con atención que haga una diferencia en la conexión que tienes con ella y que al mismo tiempo te ayudará a crear una unión muy significativa en diferentes áreas de su vida.

- **Conversacional**—Esto se trata de comunicarse el uno con el otro. No para que le des una lección, un sermón, la domines o ejerzas poder sobre ella.

- **Orientado a la acción**—Este libro es para poner las manos a la obra, para iniciar conversaciones con tu hija, en maneras que, quizá nunca lo has hecho. Este no solo es un libro de teoría.

Mi meta es darte un aporte que te ayude a construir tu capacidad y seguridad en este camino a convertirte en alguien que busca intencionalmente el corazón de su hija, esto a través de conversaciones de calidad. La buena noticia es que, si ella no reacciona bien, o si le resulta incómoda alguna de las preguntas o sugerencias que te ofrezco en este libro, puedes culparme a mí; yo me ofrezco para ser el *chivo expiatorio*. ¡De esa manera, sigues siendo el héroe que quieres ser y que tu hija necesita que seas!

También te ofrezco lo que llamo: *"Los secretos de venus"* (Cuando digo "de venus" me refiero al concepto del Dr. John Gray en su Libro, *Los Hombres son de Marte, Las Mujeres son de Venus.*)

Mi primer secreto de Venus es el siguiente: **Cuando nosotras, las mujeres abrimos nuestra boca, nuestro corazón se abre también.** Ni siquiera lo tenemos que pensar, solo sucede. Pero no se detiene allí. Cuando el corazón de una hija se abre, automáticamente lo hace también el corazón de su padre. Ustedes, papás, no tienen que pensarlo, simplemente sucede. Este círculo completo y dinámico significa que si para ti es una prioridad conversar con tu hija, no solo ella se abrirá más contigo, también los llevará a tener una unión más fuerte.

Mi segundo secreto de Venus es: **Muchas niñas y mujeres desean tener una mejor relación con sus padres.** De hecho, ninguna mujer me ha dicho: "Dra. Michelle, soy demasiado unida con mi papá, es demasiado para mi estar tan cerca de él." En cambio, con lágrimas en sus ojos, he escuchado a más mujeres de las que puedo contar, decir cuán roto tienen el corazón a causa de sus padres. Esto me dice que hay una fuerte necesidad de que los padres tengan un mapa claro hacia el epicentro del corazón de sus hijas, y les provean las herramientas para que ellas puedan hacer oír su voz.

Para no ofrecer solamente mi palabra en cuanto a la importancia de que tú y tu hija hablen de manera más efectiva y significativa, lee lo que la profesora e investigadora clínica, la Dra. Lina Nielsen escribe:

> Por el hecho de que una mujer gana mucho de comunicarse bien con su padre y de sentirse cerca de él, la relación y la comunicación entre un padre y una hija es de gran importancia. Sin embargo, tanto hijos como hijas dicen sentirse más cerca de sus madres, y argumentan que se les facilita más hablar con ellas, especialmente si es algo personal. [Pero] la mayoría de las hijas habrían deseado que sus padres hubiesen hablado más con ellas acerca de sexo y relaciones, aunque admiten que las conversaciones habrían sido incomodas al principio.[2]

Con lo que dijo la Dra. Nielsen en mente, te invito a responder esta pregunta: ¿Qué pierdes con aprender cómo acercarte al corazón de tu hija con más precisión? O, mejor dicho, **¿Qué ganas con obtener más recursos que te ayuden a poder conectar con tu hija?** Imagino de inmediato respondes: *"nada"* y *"todo"*, y con respecto a eso yo digo: *"¡Excelente, a trabajar!"*

En este viaje, te daré lo que necesitas para tener éxito, una idea de conversación a la vez. Quizá al guiarte en la dirección correcta por medio de los guiones que ofrezco en este libro, puedas pensar en mi como tu GPS de papá e hija y la asistente virtual Siri, todo en una. O si prefieres ver nuestra sociedad de una manera más estratégica, siéntete en la libertad de adoptar esta imagen que uno de mis clientes compartió conmigo:

> *Dra. Michelle, veo mi tiempo con usted en su clínica como mi centro de operaciones. Es como el centro de control donde la verdad escribe los mapas, las estrategias y planes que me dan las armas y el equipo de protección para salir al mundo. Todos los días le agradezco a Dios por ponerla en mi vida como maestra y mentora.*

Papá, me encantaría que tu hija dijera lo mismo acerca de su relación contigo. Este libro te dará herramientas efectivas para llegar a esa meta.

INTRODUCCIÓN

Cada año, desde que fundé The Abba Project (El Proyecto Abba) en el año 2010, he liderado grupos con padres e hijas, de trece a treinta años en un proceso educacional una vez al mes por nueve meses, con el fin de equipar a los papás a buscar el corazón de sus hijas de una manera más efectiva. Quiero compartir dos observaciones claves que he hecho después de interactuar con miles de padres:

Los hombres prefieren hacer nada a hacer algo mal hecho. Si alguna vez has decidido no actuar por miedo a hacerlo mal, estás en el mismo lugar en el que están el 99.9 por ciento de los hombres. Sin embargo, hay algo que debes considerar: Hacer nada, también es hacer las cosas mal. Pero yo sé que quieres hacer las cosas bien cuando se trata de tu relación con tu hija, y aplaudo tu decisión de tomar este paso.

La crisis y la necesidad tienden a ser lo que motiva a los hombres. He visto que sucede mucho cuando las hijas son jóvenes, cuando como padre, le das un besito en sus heridas cuando se golpea y todo mejora en cuestión de minutos. Pero al crecer, las hijas llevan vidas más complicadas y como padre, te das cuenta de que comunicarte e interactuar con tu hija requiere más trabajo. Aquí es cuando navegar la

23

relación, se puede convertir en algo abrumador y drenante. Pero como todos sabemos, la mejor defensa es la mejor ofensiva.

Así es que en lugar de hacer nada o esperar a que haya una crisis, puedes ser proactivo con tu uso de este libro y establecer una conexión con tu hija en maneras más profundas.

Está diseñado para darte lo que necesitas para poder forjar una relación con tu hija sin importar en qué etapa de su vida se encuentre. En su etapa preadolescente, cuando sea una adolescente hecha y derecha, una joven adulta y hasta una mujer casada. *No importa la edad, te garantizo que ella quiere y necesita más de ti, su papá.*

El punto es que tu hija no vino a esta tierra con un manual de jugadas, pero yo te voy a ayudar a escribir uno. Como sabrás, un manual de jugadas describe y define las jugadas que cada integrante, o cada equipo deportivo debe lograr. Si un libro lleva la estrategia en los deportes, ¿por qué no querrías un libro similar cuando de tratar a tu hija se trata? Y si te ves en la defensa y ofensiva al momento, o en un equipo especial cuando se trata de tu relación con tu hija, un libro de jugadas te dará el potencial de lograr el éxito y ganar "el juego" (en otras palabras, su corazón).

De esto se trata este libro. Descubrirás que, al hacerle ciertas preguntas a tu hija, preguntas que yo llamo Guiones y al escribir sus respuestas ya sea en este libro o en un libro aparte, Tendrás todo lo que necesitas para escribir tu libro de jugadas.

Aquí hay otro punto a considerar al comenzar este viaje juntos. Hay una tendencia a una dinámica de relación relativamente fácil entre padres e hijas aproximadamente en los primeros diez años de su vida. Pero después, y casi de un día para otro, las niñas reaccionan más a todo, se convierten en personas más sensibles y difíciles de entender para sus padres.

Es aquí donde he visto a la mayoría de los padres verse motivados a hacer algo al respecto; y es entonces cuando admiten que necesitan ayuda. Puede que tu seas uno de esos padres que quieren ser el mejor padre que puedes ser, pero no siempre sabes cómo.

Brian se encontraba ahí mismo cuando comenzó a trabajar conmigo. Y porque vino listo para obtener herramientas para poder abordar el corazón de su hija de quince años, se armó de valentía y supo guiar a su hija sobre terrenos no explorados. Como resultado, su capacidad y confianza crecieron. Estoy segura de que será también tu caso al embarcarte en este proceso.

LA HISTORIA DE BRIAN

"Para ser honesto, Dra. Michelle, yo estaba muy escéptico al principio en cuanto a los guiones, porque sentía que mi hija iba a percibir que le estaba leyendo de un teleprompter. Pero gracias a la manera en la que usted los escribió y la manera en que nos enseñó a aplicarlos con nuestras hijas hizo que la experiencia fuera distinta a algo forzado o leído de un guión. Incluso hubo veces en que el guión estaba tan bien escrito que no sonaba como tal, era más una conversación. Con la práctica, se fue convirtiendo cada vez más en mi voz y Meghan escuchaba las palabras como si fuesen las mías. Ya no era, "Esto es lo que la Dra. Michelle me dice que debo preguntar", sino, "esto es lo que quiero saber acerca de ti".

Si quieres seguir el puntaje en el marcador de Brian como un padre fuera de serie, tomando acción deliberada para propiciar conversaciones con tu hija que lleguen a su corazón, entonces hay tres partes claves en este libro que te ayudarán a llegar a la meta:

1. Haciendo un plan de trabajo: Prepárate tú, como padre, para buscar el corazón de tu hija.
2. Ejecutando un plan de acción: Preguntas y actividades para conectar con el corazón de tu hija.
3. Darle vuelta al guión: Preguntas que las hijas harán a sus padres.

Considero que este libro te acompañará en tu deseo de ser el mejor padre para tu hija, así que ¡comencemos a hablar!

PARTE UNO

ALLANANDO EL CAMINO

Preparandote para buscar el corazón de tu hija

1. TIENES LO QUE SE NECESITA

En los últimos años, le he preguntado a los papás involucrados en The Abba Project (El Proyecto Abba) lo siguiente: ¿Por qué me estás dando tu valioso tiempo y energía al estar aquí aprendiendo y adquiriendo herramientas para buscar el corazón de tu hija de una mejor manera, aunque te preocupe tocar temas que salgan de tu zona de confort?

Sin excepción, la esencia de las respuestas que obtuve de cada padre es:

"Porque amo a mi hija." Estoy segura que tu respuesta es la misma, y por eso estás leyendo este libro en este momento. Sin importar lo que viviste con tu propio padre y lo que aprendiste de su ejemplo en cuanto a ser un padre presente, se que vas a apreciar lo que un experto en la materia, el Dr. Ken Canfield dijo en su libro: "The Heart of a Father":

> "Puede sorprenderte que una investigación en National Center for Fathering (El Centro Nacional por la Paternidad), descubrimos que la relación de un hombre con su padre no es lo que define en su mayoría la relación que tendrá con sus hijos. En otras palabras, un pasado lleno de dolor puede influir, claro, pero no es "el tiro de gracia". Tu compromiso de ser un padre con propósito puede quitarle el lugar a los efectos negativos, producto de una mala relación con tu padre. Puedes unirte a las clasificaciones de los "Padres en superación."

Me encanta ese término, padres en superación. Hasta lo usaría para describir a mi papá, Jim, porque él es la representación viviente de esa descripción en tantos niveles. La gente me pregunta acerca de mi relación con mi papá, así que quiero compartir un poco acerca de él, desde el principio.

LA HISTORIA DE LA DRA. MICHELLE

Mi padre tenía todo en su contra, en cuanto al tema de la paternidad. Tuvo un padre abusivo, alcohólico, quien los abandonó a él y a sus hermanos cuando eran muy jóvenes, sin tan siquiera dejar una dirección en donde encontrarlo. Quedaron todos a la deriva lo cual llevó a mi papá, sin su padre, a unirse a una banda de criminales cuando tenía tan solo once años. Era literalmente "la supervivencia del más fuerte" y ahí, en el sur de Chicago, en los años cuarenta y cincuenta, mi papá se vio obligado a ingeniárselas solo, la mayoría del tiempo, lo cual le creó una ética de trabajo tenaz. Su familia vivía en la pobreza, así que, tenía que trabajar para adquirir lo necesario. También desarrolló una habilidad para arreglar cualquier cosa.

Mi papá también es un hombre brillante. Ese brillo que no se aprende en la escuela; innato. De hecho, diría que es un genio en algunas áreas. Cuando cumplió tan solo dieciocho años, siguió los pasos de su abuelo y se unió al ejército. Después de su entrenamiento en Fort Benning Georgia, lo enviaron a la base militar de Presidio en San Francisco al final de la década de los 50 's, y ahí, conoció a mi mamá, quien era nada menos y nada más que su jefa. Al terminar su permanencia allí, le ofrecieron una beca en West Point, pero no la aceptó porque aún no había aprendido a establecer metas a largo plazo. Sin una figura paterna, o sin algún guía o mentor, no consideró que quedarse en el ejército tenía sentido. Después de todo, cuando el cerebro de alguien ya ha sido programado para decidir que la definición de éxito es vivir alejado de los problemas y sobrevivir, puede resultar casi imposible soñar más allá de la realidad aunque lleguen grandes oportunidades.

La combinación de estas experiencias y cualidades hacen de mi papá la persona que es hoy: un hombre con una ética de trabajo impecable, con habilidad para movilizarse en este mundo, y brillante cuando de estrategia se trata. Un hombre que logra lo que debe lograr con creatividad y eficiencia (aunque él no lo crea o aunque no se vea a sí mismo de esa manera) encuentra la forma de arreglar cualquier cosa. También es un hombre que no se da por vencido sin importar que tan dura sea la situación y nunca se queja de nada. Le tengo un profundo respeto a lo lejos que ha llegado y por las decisiones que ha tomado para vivir de una manera diferente a la que le fue modelada. En muchas maneras, somos más cercanos hoy de lo que éramos cuando yo era niña, porque ahora nuestra relación tiene muchas más conversaciones reales (aun cuando no estamos de acuerdo o cuando me dice que mis palabras lo cansan, de lo cual escribí en mi primer libro, *Dad, Here's What I Really Need from you: A Guide for Connecting with Your Daughter's heart*). No es que no tengamos discusiones, porque sí las tenemos. (Soy la primogénita, y por alguna razón quienes somos primogénitos, tendemos a tener un carácter más fuerte, somos más tercos y expresamos muchas opiniones acerca de todo.) Pero seguimos resolviendo juntos intentando tener una comunicación abierta y resolver nuestros conflictos cuando surgen. No siempre es fácil, pero es una parte vital cuando se trata de establecer una conexión y mantenerla.

La historia de mi padre me ha enseñado algunas cosas que confío te darán ánimo para buscar, *y seguir buscando*, el corazón de tu hija sin importar tu historial.

- Aunque tu padre no haya sido un modelo positivo, tú puedes convertirte en un padre fuerte, involucrado que pueda ser un buen líder para tu hija.

- A medida que busques pasar tiempo individual y de calidad con tu hija, ella se sentirá valorada.

- Si buscas el corazón de tu hija de manera consistente, ella llevará tu amor muy dentro de su corazón a lo largo de su vida, motivándola a seguir sus metas, sintiendo tu apoyo.

- Nunca es muy tarde para empezar a "subir el nivel" con tu hija.

Lo último que quisiera mencionar mientras nos embarcamos en este viaje es que, varios estudios sostienen consistentemente que toda área en la vida de cualquier niña es mejor cuando siente una conexión con su padre incluyendo:

- Mejores notas en el colegio.

- Una probabilidad más alta de terminar la escuela e ir a la universidad.

- Tener menos inconformidad con su cuerpo.

- Ser menos propensa a la depresión.

- Ser menos propensa a un intento de suicidio.

- Más probabilidad de encontrar un empleo estable.

- Evitar el sexo antes del matrimonio.

- Tener mejores relaciones con hombres.

- Mostrar más responsabilidad social.[2]

Todo esto demuestra que tú, Papá, eres vital en la salud y el bienestar de tu hija, que tu presencia en su vida es importante de *gran manera*. Así que, si alguna vez has escuchado o percibido lo contrario, incluso si has dudado acerca de tu valor como padre, es hora de cambiar las reglas del juego.

Es un honor y un gusto para mí el unir fuerzas contigo en esta búsqueda por el corazón de tu hija, comenzando con conversaciones que te llevarán a conocerla y comprenderla mejor.

2. LO QUE LOGRARÁS CONECTANDO CON EL CORAZÓN DE TU HIJA

En el capítulo anterior, cubrimos lo que una hija gana cuando un padre busca su corazón, cuando es lo suficientemente valiente para hacerlo y continuar haciéndolo. Padre, si decides hacer el trabajo que te ofrezco en este libro, creo firmemente que verás resultados increíbles que no solo te darán ánimo, sino, también te impresionarán. Cuando te esfuerzas a largo plazo, comprometiéndote con el proceso completo, serás parte de tantos otros hombres que considero héroes.

Y al final de este viaje, puedo visualizarte resumiendo tu experiencia en una palabra, o frase, al igual que tantos otros padres que han llevado un proceso similar conmigo. Aquí te comparto algunas de mis frases favoritas:

- Introspectivo

- Agente de cambio

- Valió la pena

- Enriquecedor

- Intenso

- Auténtico

- Inspirador (a lo cual alguien más agregó, "¡exhaustivo!")

- Educacional

- Alentador
- Transformador
- Abrió mis ojos
- Gratificante

Y si esas respuestas no te motivan, quizá estos reportes de otros padres lo harán:

- "Ha sido un trabajo duro, pero ha valido la pena. Estoy seguro que he crecido"
- "Sí, este proceso es diferente para cada padre, pero me diste las herramientas que yo necesitaba. Lo que puedo decir ahora es que ser un padre involucrado no tiene fin"
- "Ha sido un año duro con mi hija de quince años. La semana pasada estuvo muy enojada conmigo y no me habló en dos semanas, pero puedo darme cuenta de que ahora reacciono de diferente manera ... y dimos un gran paso juntos el fin de semana que pasó. Ella se acercó a mí y me dijo, 'me gustan los abrazos'. Desde entonces, me abraza constantemente. Yo le expresé que estoy aquí y que no me iré a ningún lado."
- "Mi hija adoptiva de diecisiete años llegó a nosotros con un historial de abuso sexual que impactó en gran parte su inhabilidad de relacionarse conmigo porque soy hombre. Pero tuvo una conversación conmigo el sábado, habían pasado meses desde la última vez que pasó algo así."
- "Ahora tengo más visión en cuanto al tipo de padre que soy con mis hijas, lo cual ha desarrollado y enriquecido mi capacidad de alcanzarlas. Mis recursos son más y puedo decir que ahora busco agua de ese pozo constantemente"

- "Mientras más aprendo, más me doy cuenta de que no sabía tanto como creí saber. En otras palabras, puedo ser un buen padre, pero ahora admito que tengo mucho que mejorar, especialmente en cuanto a saber cómo hablar el lenguaje de Venus"

Anhelo ver padres a lo largo y ancho de América ser cada vez más intencionales en buscar, abordar y conectar con sus hijas, así como lo hicieron estos valientes hombres que se aventuraron a caminar en terreno no conocido.

La clave está en no rendirte antes de llegar a la meta, y lograr mantener el compromiso de entablar conversaciones con tu hija utilizando tantos cuestionarios como. Si te rindes, entonces estarás asumiendo que ella no es digna de este esfuerzo. Esto también puede comunicar, quizá sin intención, que cuando la vida se pone difícil, ella no es prioridad para ti.

Para comprometerte con este proceso exitosamente, deberás:

- **Planificar** y adecuar otras actividades y compromisos alrededor de tu plan de acción.

- **Calendariza** tus citas padre e hija con suficiente tiempo para ambos.

- **Espera tener inconvenientes.** Si ella canceló a último momento, puedes preguntarte si valora tu tiempo o incluso si te respeta. Pero si la ves a los ojos, podrás date cuenta que el problema no es contigo. El que ella cancele puede deberse a una situación relacionada a una amiga, algún problema con un chico, tareas de la escuela u ocupaciones en el trabajo, o simplemente está en sus días.

- **Toma la decisión de no interpretar sus respuestas negativas como algo personal.** Puede ser parte de la adolescencia o de ser joven adulto, así que trata de no reaccionar negativamente a su comportamiento, lo cual hará que tu relación con ella, permanezca intacta. Conviértete en la persona con la que ella disfrute pasar su tiempo.

Realmente considero que nuestro país se verá fortalecido a medida que las mujeres sean empoderadas para permanecer firmes en la plenitud de quienes son, una realidad que depende en gran medida del aporte que tengan los padres en sus vidas.

El Dr. Ken Canfield, a quien mencioné anteriormente y el fundador del National Center for Fathering (El Centro Nacional por la Paternidad), recientemente me lo dijo de la siguiente manera: *"Creo que Dios enviará un viento de renuevo a su reino por medio del portal padre e hija"* ¡Yo estoy completamente de acuerdo!

Dios dice que tu rol en la vida de tu hija es fundamental y esencial, y Él te invita a volver tu corazón hacia el corazón de ella para prevenir que maldiciones generacionales lleguen a ella (Malaquías 4:6). Una traducción resalta el poder de tu ejemplo así: *"Educa a tu hijo desde niño, y aun cuando llegue a viejo seguirá tus enseñanzas."* (Proverbios 22:6 TLA). Sí papá, **el liderazgo comienza en ti.**

Confío en que me acompañarás en la lucha por una generación de hijas sanas y empoderadas, que vivan fuertes y que amen mucho mientras sus padres les echen porras desde la primera fila.

Hablando de padres que están haciendo justamente eso, Chip Gaines es un buen ejemplo.

LA HISTORIA DE CHIP GAINES

He admirado a Chip Gaines de lejos en estos últimos años. Él y su esposa, Joanna se hicieron famosos por medio de su programa de televisión llamado *Fixer Upper*, son una pareja increíble y tienen una empresa de decoración para casas en Waco, Texas que se llama Magnolia.

Y aunque su habilidad para construir y remodelar es increíble, hay algo que me impresiona aún más de ellos y es la manera tan divertida, positiva y respetuosa en que se tratan el uno al otro como marido y mujer, y la manera en que están criando a sus cinco hijos, tres niños y dos niñas. Con los millones de seguidores que tienen, creo que no soy la única a la que le llama la atención esta pareja tan auténtica.

He observado las reacciones de Chip con sus hijos, específicamente con sus hijas, he notado al menos cinco comportamientos que sería sabio que todo padre pusiera en práctica:

1. **Le encantan sus hijas y las disfruta.** Chip es feliz hablando, riéndose y jugando con sus hijas, incluso jugando a la lucha y a otros juegos rudos con ellas. Es obvio que sienten el positivismo en él y cuánto se deleita en ser su papá.

2. **Sus hijas se sienten cómodas siendo ellas mismas alrededor de él.** Las dos niñas están compenetradas cuando su papá está con ellas. Saltan, corren, dan vueltas y bailan; hacen preguntas y siguen direcciones, exploran y toman riesgos. Son libres de ser niñas sin miedo a que su padre las obligue a crecer antes de tiempo.

3. **Él escucha a sus hijas.** Chip ve a sus hijas a los ojos cuando les habla (ellas hacen lo mismo cuando hablan con él), lo cual les hace saber que las está escuchando. Responde a sus preguntas con amabilidad y respuestas aptas para su edad, dejándoles muy claro que lo que para ellas es importante, para él también.

4. **Pone límites para sus hijas.** Chip ha demostrado un patrón en el que, con gentileza y firmeza, dirige

a sus hijas para realizar o no ciertas actividades, es decir, les pone límites claros buscando su crecimiento.

5. **Sus hijas siguen su liderazgo honrando las tradiciones de su fe.** Desde invitar a sus hijos a arrodillarse en el lodo de su finca para dedicársela a Dios, hasta orar antes de comer; es evidente que las niñas salieron a su padre. La gratitud de este hombre por la vida que Dios les dio es también imitada por su descendencia al ver que lo que dice es congruente con lo que hace.

Estoy segura de que tú puedes ser un padre involucrado como lo es Chip a medida que tengas presente que *cuando un padre realmente ama y lidera a su familia, todos ganan.*

3. LO QUE PADRES E HIJAS PIENSAN DE TENER UN GUIÓN QUE GUÍE SUS CONVERSACIONES

Recibir comentarios de hijas adolescentes e hijas en sus veintes cuyos padres han decidido embarcarse en este proceso de buscar una relación más profunda con ellas, me llena de alegría. La realidad es que, si quienes son las receptoras de la inversión de sus padres, no ven un fruto en la experiencia, ¿por qué entonces un padre pondría su tiempo, dinero y esfuerzo en alcanzar el corazón de su hija?

Como este proceso te requerirá a ti, papá, de leerle a tu hija preguntas escritas en un guión, pensé que te gustaría escuchar de parte de "las expertas en la materia" cuyos padres han hecho esto y han vivido para contarlo.

Aly (14 años): "Fue lindo tener temas para iniciar conversaciones. Sentí que algunas de las preguntas eran un poco difíciles de contestar con rapidez y necesité más tiempo para pensar. Pero me gustó que mi papá se esforzara en construir nuestra relación porque ahora siento que puedo ser más honesta con el".

Maddie (17 años): "Sentí que los guiones eran como la tarea de la escuela, pero al final tocaron los temas que yo necesitaba platicar con mi papá. Siempre me daba vergüenza hacer el ejercicio de las preguntas. ¡Pero vean como estamos ahora mi papá y yo! Creo que los guiones nos permitieron ir más allá de las preguntas y también nos enfocaron en ellas. Mi relación con mi papá nunca se vio perturbada por los guiones. Por lo que puedo decir que el resultado de usarlos es cien por ciento positivo".

Leah (18 años): "Lo que me gustó de los guiones es la estructura. También me parece que son buenos para la confianza de los papás porque cuando tiene su guión, no tiene que inventarse sus propias preguntas. Me gustó también que mi papá cambió algunas de las preguntas para hacerlas más personales, lo cual me hizo sentir que le importo".

Katie (25 años): "Se que mi papá no sabe muy bien cómo hablar conmigo, entonces hacer uso de tus palabras para guiar nuestra conversación, realmente nos ayudó. Y ahora me comprende mucho más que antes, me siento muy agradecida por eso".

En general, lo que pude identificar en las respuestas de estas jóvenes cuyos padres usaron los cuestionarios que presento aquí, es que disfrutaron el hecho de que sus papás hicieron tiempo para pasar con ellas y que utilizaran guiones para "profundizar" su relación, aún en medio de momentos incómodos.

Ahora que has escuchado de parte de las hijas, aquí hay algunas reflexiones de parte de los papás.

Steve: "Tener esos guiones a mano, hizo todo más fácil. Nosotros los papás, queremos lo mejor para nuestras familias y sabemos en nuestros corazones que establecer una conexión por medio de comunicación y tiempo juntos es parte de eso. Es increíble como algo que tiene tanta importancia, también puede sentirse incómodo".

Lloyd: "En la ausencia de mi propio vocabulario y coraje para discutir temas fuertes con mi hija, los guiones me permitieron tener un mapa y me dieron un entendimiento mayor del verdadero yo de mi hija".

Loren: "Tener un guión para ayudarme a dialogar me ayudó mucho. Aunque mi hija sabía que estaba usando un guión en algunas de nuestras citas, sé que ella apreció la intención de lo que estábamos haciendo y estaba emocionada por lo que venía. Esto definitivamente llevó nuestra relación a otro nivel y ahora me es más fácil hablar con mi hija".

Tobie: "Los guiones me ayudaron a comenzar conversaciones con mi hija de diecisiete años, y aunque soy su padre, también sigo siendo un tipo que muchas veces no sabe qué decir. Para mí, los guiones fueron geniales porque algunas veces los utilizaba textualmente y otras veces me servían como 'monitor de confianza' en el que le ponía mis propias palabras a las preguntas con el toque del contenido original de la Dra. Watson".

Dave: "me considero bueno para escuchar a personas fuera de mi círculo familiar, pero cuando se trata de mi familia inmediata, no lo soy tanto. Los guiones me ayudaron a llegar a mi hija justo donde ella se encontraba y a tener conversaciones profundas con ella ... a veces".

Como dije al principio, esta es una sociedad, un trabajo en equipo: Yo te daré las palabras en un guión y tú serás quien las dice. **Más bien, hablarás menos y escucharás más, invitando a tu hija a abrirse a una conversación contigo.**

La buena noticia es que, durante este proceso, ella llegará a abrir su corazón cada día más y más. ¿Qué podría ser mejor que eso?

4. ¿POR QUÉ ES IMPORTANTE ESCUCHAR A TU HIJA?

Muchas *mujeres con las que he interactuado en esta década que pasó, dedujeron que escuchar ¡es difícil!* Y eso está conectado con el hecho de que los hombres no pueden engañar a las mujeres que los rodean. Siempre sabemos cuando estás escuchando de verdad, cuando escuchas a medias y cuando no estás escuchando. Ahora, puede ser que tu creas que puedes engañarnos fingiendo que escuchas, pero créeme cuando te digo, nosotras sabemos si estas o no estas en la conversación.

Hablo desde mi experiencia, relacionándome con mi papá cuando digo que para los hombres es fácil "desviarse" — o ausentarse cuando se enfrentan a muchas palabras y muchas emociones al mismo tiempo. Esta es una respuesta automática porque los hombres creen que deben arreglarlo todo. Pero aquí está la solución a este dilema: **A medida que puedas dejar de intentar arreglar los problemas de tu hija al ella expresar y desahogarse contigo, entonces podrás ayudarla aún más a expresar sus emociones y experiencias.**

La realidad es que cuando una mujer es escuchada, puede permanecer firme y con más confianza en sí misma. Y si quien la escucha es su padre, el poder de esta realidad se incrementa exponencialmente.

Sabes, un sentido de estabilidad se instala en lo más profundo de una mujer cuando sabe que no tiene que pasar por encima de todo ruido para ser escuchada. Y se llena de poder cuando cree completamente que ella es importante, porque lo que siente y lo que piensa, es importante.

Tú, papá, juegas un papel muy importante cuando se trata de validar a tu hija, escuchando lo que tiene que decirte.

- Aunque lo que tenga por decir no tenga mucho sentido para ti,

- Aunque quizá no estés de acuerdo con sus opiniones o gustos, y

- Aunque hayas llegado al límite de cansancio verbal y emocional.

HISTORIA DE LA DRA. MICHELLE

Hace poco estaba en una limpieza dental, la dentista abrió su corazón en cuanto a su relación con su papá y dijo: "Mi papá no escucha. De hecho, nunca me escucha cuando le hablo por mucho tiempo y nunca lo ha hecho."

Sin guardarse nada, continuó: "Sus respuestas siempre me comunicaron que yo no era una persona muy interesante y que lo que yo quería decir no era importante. Yo sé que hablo mucho y debería ir al grano más rápido porque es obvio que lo aburro. Pero honestamente, hago lo que puedo e intento no hablar mucho."

Estas palabras salieron de una mujer de cuarenta años quien ha luchado con un desorden alimenticio y alcoholismo en diferentes etapas de su vida; adicciones que según ella, le han ayudado a adormecer su dolor. Claro que todo esto no es debido a la relación con su papá, pero en parte, sí lo es.

Yo le dije que el hecho de que su padre se canse de escucharla, no significa que ella no sea interesante, inteligente o valiosa. Le expliqué que las reacciones de su papá son "sus problemas" y no tiene nada que ver con ella. Tristemente, no estoy convencida de que lo que le haya dicho yo, fuese lo suficientemente fuerte como para contrarrestar los años de respuestas negativas que ha escuchado de parte de su padre.

Papá, ¿puedes creer que esta mujer llegó a la conclusión de que su padre piensa que ella es aburrida y que no es digna de mucho? o ¿que no es inteligente solo porque tomó la decisión de no escucharla? Probablemente no. Sin embargo, así es como las hijas interpretan la falta de interés de sus padres.

Cuando un padre no se toma el tiempo de escuchar *todo* lo que su hija le dice, ella asumirá lo peor acerca de si misma.

Hablo por tu hija cuando digo:

- No es nuestra intención usar demasiadas palabras cuando te hablamos.

- No no es nuestra intención usar más verbos de lo necesario (*según nosotras*).

- No no es nuestra intención aburrirte con detalles innecesarios.

- No es nuestra intención hacerte perder tu tiempo.

La realidad es que las mujeres descubrimos hablando. Cuando hablamos, nos ayuda a que el hámster en nuestro cerebro no se dirija hacia los miles de escenarios que podemos imaginar. Por alguna razón, al hablar, decir las palabras en voz alta, hallamos claridad para lidiar con nuestros dilemas y problemas.

La trama se pone mejor: imagina nuestra confusión, incluso nuestro dolor, cuando vemos esa mirada desinteresada en tus ojos después de un par de minutos de escucharnos (*que es, honestamente, cuando apenas estamos calentando motores*), pero luego vemos cómo puedes mantener el interés en los deportes o en los negocios, aun reteniendo detalles específicos, y vemos que los detalles de nuestra vida no te interesan de la misma manera.

Entonces interiorizamos tu desinterés y confirmamos que no somos dignas de ser escuchadas.

Se que no es lo que tu estas intentando comunicar, pero muchas veces, eso es lo que pasa por la mente de tu hija.

Otro aspecto fascinante para entender cómo un hombre y una mujer escuchan de manera diferente, está sorpresivamente relacionado con la biología.

El profesor de Psiquiatría, el Dr. Albert Scheflen dice que organizamos nuestro sentido de espacio personal por medio de un concepto que se llama "cuadros." Lo explica como una respuesta inconsciente de comunicación llamada: *la orientación del hombro*, lo cual difiere literalmente entre hombres y mujeres. Dice que cuando las mujeres interactúan con mujeres, tienden a orientarse haciendo contacto visual para lograr estrechar los lazos y conectar, los hombres generalmente no hacen esto.[1]

Este dato fue también confirmado por la Dra. Deborah Tannen, autora de *You Just Don't Understand: Women and Men in Conversation*, quien describe a los hombres con una mayor inclinación a pararse al lado del otro cuando hablan porque tienden a interpretar el contacto visual como un desafío. Entonces, estar cara a cara puede percibirse como una postura competitiva.[2]

Así es que, aunque vaya en contra de tu naturaleza, la manera de ser más efectivo al escuchar a tu hija es fijar tu intención en lo siguiente, ahora, al principio de este viaje:

- Evita las distracciones.

- Haz contacto visual.

- Inclínate hacia adelante.
- Asiente con la cabeza.
- Haz preguntas.
- Responde de manera cálida.

Nunca subestimes el impacto positivo y poderoso que tienes al escuchar a tu hija. Escucharla es uno de los mejores regalos que le puedes dar.

5. ¿CÓMO INVITAR A TU HIJA A PARTICIPAR DE ESTE PROCESO?

Asegúrate de saber esto al momento de invitar a tu hija a participar en cualquier actividad contigo, hay un momento para todo. Es más importante saber cuándo abordar un tema que dónde hacerlo e incluso más importante que lo que vas a decir.

Para ayudarte a tener una mayor probabilidad de éxito en lograr que tu hija se una a esta aventura contigo, te quiero dar una carta de invitación. Puedes transcribir estas palabras literales con tu puño y letra o usa tu creatividad y escribe tus propias palabras. Te aseguro que cuando ella reciba una nota escrita a mano por ti, llamará más su atención que cualquier mensajes de texto o correos electrónicos, lo cual, hace que la carta tenga un valor más grande, y le hará saber a ella que vas en serio en este proceso de formar una relación más cercana como padre e hija.

Hola, hija.

No sé si te lo he dicho lo suficiente, pero la realidad es que te quiero mucho y estoy muy agradecido de ser tu papá.

Te parecerá obvio, pero sé que no traías un manual cuando llegaste a este mundo, lo cual significa que "tuve que aprender el trabajo," por así decirlo. Y como tú lo sabes ya, hay veces en las que lo hice bien, y otras en las que he fallado miserablemente. Pero quiero que sepas que estoy dedicado a convertirme en el mejor padre que pueda ser para ti.

Por eso te quiero invitar a que platiquemos más acerca de lo que está pasando en tu vida.

He estado leyendo un libro para ayudarme en este proceso. El libro es de una mujer que me va a ayudar a entender cómo ser un mejor papá.

La Dra. Michelle dice que las chicas necesitan sentirse comprendidas y necesitan que las conozcan bien. Quisiera saber si a ti te gustaría también pasar más tiempo juntos, un tiempo en que te haré preguntas acerca de varios temas, que ella escribió. Te prometo que no te voy a interrogar; solo quiero conocerte mejor para poder ser más comprensivo. Y si en algún momento, no quieres responder alguna de las preguntas, solo dime y seguimos con otra.

Entiendo que se pueda sentir incómodo, incluso forzado al principio, pero la Doctora Michelle dice que a medida que hablemos más, se sentirá más natural.

Cualquier cosa que permita que nos acerquemos, estará bien para mí.

Te doy mi palabra que nuestro tiempo juntos será una prioridad porque tú eres mi prioridad. Y una vez que comencemos, yo me encargaré de mantenerlo. Podemos hablar donde tu quieras, un restaurante, la casa, donde tú quieras. Fijemos una fecha para nuestra primera cita papá e hija. ¿Qué te parece?

Te amo,
Papá.

Para ilustrar el impacto tan grande que tendrá el invitar a tu hija a ser parte de esta aventura, aunque parezca que ella no quiere, quiero compartirte una historia muy poderosa.

Mi amigo, Alan Smyth, coautor del libro *Prized Possession: A Father 's Journey in Raising His Daugher,* fue el director de Young Life en los Ángeles por veinticinco años. Me encanta la historia que cuenta de cuando iba manejando a un retiro en una camioneta llena de niñas que estaban en su último año en la escuela. Cuenta que escuchó la conversación que tenían de cómo no tenían una conexión con sus padres, entonces les pidió consejo para que su hija, que entonces tenía cuatro años, no dijera lo mismo acerca de él cuándo tuviera la edad de ellas.

Su respuesta colectiva lo dejó impresionado: ***"Aunque rechacemos a nuestros papás, realmente quisiéramos que no se fueran."***

Alan me dijo: *"Las niñas me animaron a pelear aun en los momentos más difíciles, y me explicaron que no importa lo que hagan o digan, una hija realmente necesita a su papá en la vida. Su consejo era la gasolina que necesitaba para ver a Brittany crecer. Ahí está, el consejo que me formó y me llevó a pensar y actuar de cierta manera en los años que venían por delante".*[1]

Papá, te aseguro que lo que anhelan la mayoría de las hijas es tener comunicación y conectar con sus padres. Este es tu momento para abordar el corazón de tu hija, aunque al principio, ella no muestre interés.

6. AUTOEVALUACIÓN CON LA LISTA PARA UN PADRE PRESENTE

Como punto de partida para una autoevaluación honesta, este cuestionario te proveerá de una lista de sesenta maneras específicas de evaluar cómo te conectas con tu hija. Llenar esta encuesta con el punteo que te darías ahora y volverlo a hacer a lo largo del proceso, te dará una manera tangible de evaluar tu progreso en más de un momento del viaje.

Algunos padres valientes les han pedido a sus hijas que llenen esta encuesta para tener una respuesta honesta y evitar el resultado de una evaluación errónea. Otros padres han puesto una copia impresa del cuestionario en un lugar visible (su closet, por ejemplo) como un recordatorio diario de maneras específicas en las que puedan ser padres más presentes.

Sea cual sea la opción que tu escojas, sé que será de mucho beneficio.

LISTA PARA UN PADRE PRESENTE

	FRECUENTEMENTE	OCASIONALMENTE	NUNCA
1. Mi hija y yo salimos juntos.	3	2	1
2. Considero saber lo que pasa en su vida.	3	2	1
3. Le comparto mis pensamientos temores acerca de decisiones que debo tomar, con cuidado.	3	2	1

	FRECUENTEMENTE	OCASIONALMENTE	NUNCA
4. Me frustro o me enojo más que antes.	1	2	3
5. Inicio conversaciones acerca de temas espirituales.	3	2	1
6. Es muy difícil hablar con ella, Así que la mayoría de las veces hablo hacia ella.	1	2	3
7. Creo que mi hija me respeta.	3	2	1
8. Me cuesta tener una conversación seria con ella, así que mejor bromeamos.	1	2	3
9. Estoy en casa para cenar la mayoría de las noches.	3	2	1
10. Le hago bromas acerca de su peso.	1	2	3
11. Hago comentarios acerca del peso de otras personas.	1	2	3
12. Crecí con favoritismo y aún se se refleja en mis hijos.	1	2	3
13. Conozco e interactúo con las amigas cercanos de mi hija.	3	2	1
14. Conozco e interactúo con los amigos hombres cercanos de mi hija.	3	2	1
15. Asisto a actividades de la escuela en que ella está involucrada (deportes, eventos musicales, obras de teatro, etc.)	3	2	1

	FRECUENTEMENTE	OCASIONALMENTE	NUNCA
37. Pido perdón y disculpas cuando le he hecho mal, la he herido o cuando he hecho que su espíritu se duela.	3	2	1
38. Estoy cómodo con actuar de manera graciosa y hacer locuras enfrente de ella y no me pongo a la defensiva si ella se ríe de mí.	3	2	1
39. Hablo la verdad con amor cuando se trata de comunicarme con ella.	3	2	1
40. Uso la ira como manera de hacerla callar o de disciplinarla.	1	2	3
41. Uso el tiempo en el carro para Sermonearla.	1	2	3
42. Afirmo y le doy cumplidos a su mamá delante de ella.	3	2	1
43. Le escribo notas a mano a mi hija diciéndole cuanto la amo y que pienso en ella.	3	2	1
44. Le envió mensajes de texto a mi hija para ver cómo está y decirle que pienso en ella.	3	2	1
45. Inicio conversaciones con ella de manera intencional.	3	2	1
46. Le doy complidos a mi hija acerca de su carácter y personalidad.	3	2	1

	FRECUENTEMENTE	OCASIONALMENTE	NUNCA
47. Uso mis palabras escritas o verbales para hacerle saber que se ve bonita.	3	2	1
48. Tengo cuidado de decirle cosas positivas, incluyendo afirmarla y decirle que estoy orgulloso de ella.	3	2	1
49. Conozco a los chicos con los que sale en citas antes de que salga con ellos.	3	2	1
50. Me siento cómodo en expresar afecto físico a mi esposa enfrente de ella.	3	2	1
51. Me siento cómodo expresando afecto físico a mi hija.	3	2	1
52. He hablado con mi hija acerca de cómo ahorrar y gastar dinero.	3	2	1
53. Participo en servicio comunitario con ella.	3	2	1
54. La llevo a la Iglesia y nos involucramos en prácticas espirituales juntos.	3	2	1
55. Le respondo preguntas acerca de mi vida cuando me pregunta sin ponerme a la defensiva.	3	2	1
56. Le hago preguntas para que se exprese libremente y mantengo un diálogo.	3	2	1
57. Le comparto a mi hija lo que aprendo (por medio de libros, La Biblia, trabajo, La vida etc.).	3	2	1

	FRECUENTEMENTE	OCASIONALMENTE	NUNCA
58. Reviso el historial de internet y el teléfono móvil de mi hija para ver en que está involucrada.	3	2	1
59. Entro a su cuarto (con permiso) simplemente para ver cómo está y ver su actitud y disposición.	3	2	1
60. He formado un patrón de preguntarle como está y simplemente escucharla.	3	2	1

LISTA PARA UN PADRE PRESENTE - PUNTEO

170–180   Estoy muy involucrado y en sintonía con la vida de mi hija. Al mismo tiempo estoy buscando su corazón consistentemente.

140–180   Por lo general estoy involucrado, pero hay áreas que necesitan mi atención y compromiso para mejorar.

110–139   No siempre puedo ser intencional en invertir en la vida de mi hija; admito mis deficiencias sin excusas. Es hora de subir el nivel.

30–109   Me he quedado corto en cuanto a ser un modelo a seguir, y admito que el cambio tiene que comenzar en mi si quiero ganarme la confianza de mi hija una vez más e involucrarme en sanar su corazón herido.

Si eres como los hombres en mis grupos, ya sumaste tus puntos y quieres utilizar el resultado para medir en donde te encuentras ahora y darte una idea de lo que debes enfocarte en trabajar.

Confío en que esta lista ayudará a iluminar el camino para convertirte en el mejor padre que puedas ser y el padre que tu hija necesita que seas.

¡Vamos Papá!

7. MAPA DE CÓMO UTILIZAR ESTE LIBRO

Para que este proceso funcione para ti, debes considerar las preferencias y necesidades de tu hija en este momento. Te quiero dar diez ideas de cómo utilizar este libro. También recomiendo familiarizarte con los temas y las preguntas en cada capítulo antes de iniciar una conversación con tu hija, así tendrás una mejor idea de a dónde te diriges.

1. **Comienza por el principio y concentra tu esfuerzo** en estudiar las preguntas con precisión, un tema a la vez.

2. **Deja que tu hija escoja los temas** de los que quiere hablar, dándole el libro antes o durante la cita padre e hija.

3. **Selecciona temas específicos que consideras son los más adecuados para tu hija** basado en su personalidad, intereses, necesidades, problemas más recientes, etc.

4. Comienza por **establecer una meta de regularidad y una rutina; calendariza tus citas padre e hija**, las chicas amamos las tradiciones. Fijan nuestras expectativas y así podemos planificar de acuerdo con ellas. Encuentra un día de la semana o del mes para reunirse con regularidad. Busca un restaurante o una actividad especial para ambos, y asegúrate de tener suficiente tiempo para tus preguntas.

5. **Lleva una pluma a cada cita padre e hija** para que puedas documentar las respuestas de tu hija en este libro o en un libro aparte. Así es como lograrás escribir tu manual de jugadas. Muchas hijas verán esto como algo tierno porque sus padres les están demostrando que tienen algo importante que decirles, tan importante que es digno de escribir.

6. Haz tu mejor esfuerzo por **guiar a tu hija de la mejor manera cuando haya respuestas o reacciones negativas hacia ti o hacia el contenido en este libro.** Si responde de manera negativa a alguna pregunta, solo dile, *"Yo no inventé esta pregunta, fue la Dra. Michelle"* (Papá, quiero que sepas que puedes culparme, lo cual significa que no hay manera en que algo salga mal.) Luego, deja esa pregunta atrás y concéntrate en la que sigue. Podrás regresar a esa pregunta en otro momento. Intenta hacer las preguntas sin parar, aunque parezca que tu hija está desinteresada o aburrida.

7. Si tu hija no vive contigo, **podrías tener tus citas padre hija, a distancia.** Muchos padres han conectado con sus hijas por medio de videollamadas, FaceTime, Skype o Vsee, y se han dado cuenta de que es una gran opción para estar presentes. Me encanta que mi amigo y pediatra el Dr. Dean Moshofsky sigue buscando el corazón de su hija adulta. Le envía dinero para que pueda ordenar comida de un buen restaurante en Nueva York y al mismo tiempo, él ordena su cena en un restaurante en Portland, y hablan por medio de FaceTime para sus citas padre e hija. *(¡Excelente y creativa manera de buscar el corazón de tu hija, Dr. Dean!)*

8. Si estás alejado de tu hija, **considera enviarle las preguntas y pregúntale si ella podría escribir sus respuestas y enviártelas.** Será una invitación a comunicarse de tal manera que puedas hacerla sentir más segura debido a la distancia. Otra opción es responder estas preguntas por ella, escribirlas en un cuaderno aparte con la fecha en que las escribiste, y al cabo de un tiempo, compartirlas. Esto tendrá el efecto de una cápsula del tiempo para demos-

trarle que tu corazón desea estar cerca de ella aun cuando hay distancia entre ustedes.

9. Si tu hija está insegura de querer involucrarse en este proceso en este momento, quizá por miedo a lo desconocido o a los retos de la dinámica de la relación contigo, **podrías comenzar por la parte tres, dándole vuelta al guión: Preguntas que las hijas les harán a sus padres,** y serás un modelo de coraje dejando que ella te haga preguntas a ti.

10. Si tu hija tiene una reacción negativa a la frase **cita padre e hija**, como sucedió con un grupo de niñas de quinto grado que me dijeron que esa expresión les *"daba miedo"*, entonces utiliza la frase que ella prefiera para definir su tiempo juntos, como salidas de *padre e hija, juntas padre e hija, o pasar el rato.* Pero para efectos de claridad, en el libro, usaré el término citas *padre e hija* para describir su tiempo uno a uno, con conversaciones enfocadas, corazones conectados, sin distracciones, sin ver teléfonos y con el tono de llamada en silencio.

No importa las palabras que escojas para nombrar esta reunión, recuerda que tú eres quien define que una cita contigo es un momento para divertirse y para platicar, porque nada en el mundo tiene más valor para ti que ella en ese momento.

Este libro tiene cinco áreas principales de enfoque, todas respaldadas por los guiones padre e hija con el fin de:

1. Enseñarle a reír (acompañándola a ver la vida de una manera alegre).
2. Enseñarle a amar (amarse a sí misma y a todos a su alrededor).
3. Enseñarle a ver (a ver los problemas profundos en su vida y en el mundo a su alrededor);
4. Enseñarle a lamentar (acompañándola en sus duelos, pérdidas, cuando libera su dolor o cuando se enfrenta con retos).
5. Enseñarle a escuchar (por medio de conversaciones en las que pueda escuchar más acerca de tu historia).

Finalmente, aquí te comparto tres puntos adicionales para tener en mente a lo largo de este proceso:

1. Algunas chicas se sienten más cómodas sabiendo qué esperar, porque les gusta planificar; y otras se sienten más cómodas con una experiencia espontánea, así que prepárate para ajustar la manera en que invites a tu hija a una cita de acuerdo con su manera de ser.

2. Repite una y otra vez que el objetivo no es criticar, juzgar, ni dar sermones, como reacción a sus respuestas durante la cita. Recuerda que estás ahí para fortalecer tu relación con ella escuchándola mejor.

3. Escribe sus respuestas a tus preguntas y que no te preocupe si ella piensa que eres muy formal al hacer eso, porque a la larga le estas demostrando que sus palabras tienen valor para ti.

¡Comencemos! Escribe el manual de jugadas acerca de tu hija y al mismo tiempo, disfruta del privilegio de escucharla y de sentir que te habla con absoluta confianza.

PARTE DOS

PLAN DE ACCIÓN

Preguntas y actividades
para llegar al corazón
de tu hija

8. ENSÉÑALE A REÍR

En esta selección de guiones, tu meta es establecer un fundamento sólido de conexión con tu hija, estrechando los lazos con ella riendo juntos y mejorando su auto descubrimiento.

Neurocientíficos han confirmado la importancia de reír juntos y sostienen que **nuestros cerebros secretan químicos cuando nos reímos que fortalecen nuestras relaciones a largo plazo y refuerzan la unidad.**[1] Si la risa es la mejor medicina, entonces todo padre buscaría beneficiarse aumentando su capacidad de activarla, ¿cierto?

Sin embargo, cuando se trata de padres ayudando a sus hijas a aprender a reír más, especialmente reírse de sí mismas sin juzgarse, parece que solo los padres valientes comprenden que sus hijas necesitan una dosis de risa para compensar el estrés en sus vidas.

Digo esto porque mi papá me lo recuerda constantemente. De sus cuatro hijas, yo soy la que tiene el carácter más fuerte y no puedo contar cuantas veces me ha dicho que "¡lo tome un poco más a la ligera!".

Y aunque disfruto mucho mi vida, y encuentro "lo gracioso" en cada situación fácilmente, tiendo a olvidarlo cuando siento las presiones de la vida sobre mis hombros.

Quizá tengas una hija a la que le cuesta tomarse las cosas a la ligera hasta que la situación en cuestión se resuelva. Si es así, te animo a que seas comprensivo con ella para que ella pueda ser más comprensiva consigo misma. Algunas de nosotras, nos damos cuenta de que cuando nuestras emociones aumentan, no es el momento para que nuestros padres hagan de menos nuestras reacciones, bromeando o siendo irreverentes hacia nosotras. Podemos pensar que se está burlando de nosotras o siendo insensible a la situación que estamos enfrentando. Claro que hay un balance muy delicado que se necesita en ese momento, pero al buscar entender a tu hija caminando junto a ella en este laberinto intenso, sé que ella apreciará tu liderazgo. He descubierto que cuando mi padre con gentileza y amabilidad honra mi deseo de ejecutar un plan meticulosamente, y al mismo tiempo me guía a apreciar el humor como un alivio al estrés, ambos ganamos.

Adicionalmente, una base sólida de conexión que un padre construye con su hija en cada etapa de su vida cumple la función de un depósito a la cuenta de su relación. Esa conexión puede ser una fuente de provisión cuando la cuenta está bajando o cuando ya está en negativo. Tengo la convicción de que cuando un padre pasa tiempo construyendo el puente hacia el corazón de su hija en momentos libres de estrés, ella estará más receptiva a su apoyo cuando lleguen esos momentos.

Papás, al guiar a sus hijas en esta serie de iniciadores de conversación, su enfoque estará en disfrutar juntos mientras exploran su mundo interior junto a ellas. Este proceso hará que se acerquen más y logren hacer sus lazos de conexión aún más fuertes.

Una advertencia más: si tu hija tiene menos de doce años, esta primera sección puede ser todo lo que ella podrá manejar emocional y mentalmente. Pero es un excelente lugar para comenzar porque será el trabajo preparatorio para "ir más profundo" al ser más madura.

❝❝ CITA PADRE E HIJA #1:
Preguntas divertidas y alegres acerca del presente

Estas preguntas están diseñadas para abrir una comunicación divertida desde el principio. Comenzarás esta cita haciendo preguntas acerca de su presente. Después, en la cita #2 viajarás al pasado y en la cita #3 hacia el futuro.

Podrás cubrir estos temas con más detalle conforme avancemos, pero por ahora, haz que el objetivo para estas conversaciones sea hacerlas divertidas.

1. ¿Qué te hace reír acerca de mi?
2. ¿Qué cosas hago yo que te avergüenzan?
3. ¿Te gustaría que me deshaga de alguna prenda en mi closet? ¿Cuál sería? [Muchos padres han dicho que esta es su pregunta favorita porque les da la oportunidad a sus hijas de reírse de sus gustos en ropa y zapatos. Recuerda no tomar sus respuestas de manera personal]
4. ¿Cuál es tu prenda favorita en mi closet?
5. ¿Cuál es tu banda musical favorita?
6. ¿Cuál es tu canción favorita? [Pídele compartir la letra de esa canción contigo y pregúntale por qué le gusta. Escucha la canción con ella, y recuerda, ¡sin críticas! Tu meta es que ella te invite a su mundo, mientras intentas comprenderla, no sermonearla.]
7. ¿Cuál es tu comida favorita y tu menos favorita?
8. ¿Cuál es tu programa de televisión favorito? ¿Por qué te gusta?
9. ¿Cuál es tu clase favorita en la escuela/cuál es tu menos favorita [o tarea en el trabajo]?
10. ¿Hay alguna clase en la que pueda ayudarte/ hay alguna materia [o tarea en el trabajo] con la que estés teniendo problemas? [Cuéntale historias acerca de los problemas que enfrentaste en la escuela o en el trabajo para que no se sienta sola en sus luchas.]
11. ¿Te gustaría escuchar acerca de mis mejores y peores materias en la escuela? [Comparte algo breve, recuerda que esto es para que ella hable.]
12. ¿Qué buscas en un chico? [Puede que tenga vergüenza de decirlo en este momento, pero anímala a compartir lo que mejor pueda porque hablarás más acerca de este tema con ella en el capítulo 10 cuando le "enseñes a ver" este solo es un inicio de conversación.]
13. ¿Qué te molesta acerca de los chicos?

14. ¿Se te ocurre algo que podamos hacer como familia, o solo nosotros dos que sea especial y que signifique algo para ti?
15. ¿En qué crees que nos parecemos y en qué somos diferentes?
16. ¿Qué te parece bueno/y no tan bueno acerca de nuestra relación? [Recuerda que en este momento del viaje, es mejor mantener la conversación ligera, dándole espacio para que ella comente, solo si desea hacerlo.]

[Termina contándole a tu hija acerca de dos características físicas y dos que no sean físicas que te parecen lindas en ella.]

❝❝ CITA PADRE E HIJA #2:
Preguntas divertidas y alegres acerca del pasado

Para agregar más diversión y conexión, comparte brevemente acerca de tus propios recuerdos durante la siguiente sección de preguntas.

1. ¿Cuál es uno de los recuerdos favoritos de tu infancia?
2. ¿Cuál fue uno de los juguetes favoritos o actividades de tu infancia?
3. ¿Cuál es/ha sido tu celebración favorita?
4. ¿Cuáles son tus tradiciones preferidas de esa celebración, esas que te hacen sonreír?
5. Piensa en cuando fuiste al preescolar, ¿Cómo recuerdas el momento en el que por primera vez te enfrentaste al mundo?
6. ¿De qué amistad de tu infancia te acuerdas aún y qué te gustaba o no de esa amistad?
7. Cuando piensas acerca de nuestra relación a lo largo de los años, ¿Cuándo te parece que estuvimos más cerca que nunca?

8. En una escala de 0 a 10, 10 siendo el máximo y 0 neutro, ¿cuán cerca crees que estábamos en ese momento y que tan cerca consideras que estamos ahora?

9. ¿Tienes algún recuerdo de ti y de mí que guardes en tu corazón? Si lo tienes, me gustaría escucharlo. [Después puedes compartir un recuerdo que tengas]

10. ¿Hay algún momento en el que yo estuve presente para ti que te traiga un recuerdo positivo?

[Termina compartiendo un recuerdo positivo que tengas de ustedes dos estrechando sus lazos de padre e hija.]

CITA PADRE E HIJA #3:
Preguntas divertidas y alegres acerca del futuro

1. Si no existieran los límites, financieros, sociales, de espacio o tiempo, y pudieras estar con alguien, con quien quisieras, hacer lo que quisieras hacer o ir a donde quieras, ¿Qué harías?

2. Si pudieras ir a cualquier escuela en el mundo y obtener un título en cualquier profesión, o si pudieras ser la inventora de algo, lo que sea (realista o no), ¿qué imaginas que podría pasar?

3. ¿Has pensado acerca del día en que te cases? Si lo has hecho, ¿Qué imaginas? ¿Qué colores quieres? ¿Cómo se verá tu vestido? ¿Qué flores quieres? ¿Qué lugar imaginas? Si no, ¿Qué parte de una boda no te llama la atención? [Recuerda que muchas chicas han estado soñado y planificando el día de su boda desde niñas, así que probablemente le será fácil hablar de este tema.]

4. ¿Cómo imaginas al "esposo perfecto"? [No es que haya alguien perfecto, pero todas las chicas tienen un ideal de su compañero de vida, por eso mi uso de la palabra "perfecto".]

5. ¿Te gustaría tener hijos algún día? Si es así, ¿Cuántos? ¿Has considerado nombres para ellos, sean de niño o niña?

6. ¿Cómo se vería la casa de tus sueños? ¿Qué tipo de decoración o diseño te gusta? ¿Dónde estaría ubicada?
7. ¿Qué crees que haría que nuestra relación sea mejor en este año que viene?
8. Pensando en el futuro, ¿Cómo puedo ser mejor en escucharte y entenderte mejor? (Recuerda que este sigue siendo el fundamento ligero del viaje, simplemente estás introduciendo el concepto sin ir muy profundo, demostrándole que quieres escucharla.)
9. ¿Te gustaría hacerme alguna pregunta acerca del futuro de mi vida o de la tuya?

[Termina reafirmando tu amor por tu hija, demostrándole que estás agradecido de ser su padre. Exprésale que quieres continuar invirtiendo en conocerla mejor conforme ella crezca, cambie y madure, y dile que estás emocionado por este viaje que tomarán juntos]

❝❝CITA DE PADRE E HIJA #4:
Preguntas acerca de todas las primeras veces

Estas preguntas están diseñadas para iniciar una conversación emocionante en la que tu hija comparta acerca de las "primeras veces" en su vida contigo. Aquí hay otra sección de iniciadores de conversación, en los que podrás compartir brevemente tus recuerdos, si tu hija está abierta a escucharlos.

1. ¿Cuál es el primer recuerdo feliz que tuviste cuando eras pequeña?
2. ¿Recuerdas algo de tu primer año de vida, aunque sea por medio de fotografías?
3. ¿Qué recuerdas acerca de tu primer juguete de peluche o tu primera muñeca?
4. ¿Quién fue tu primer mejor amiga y por qué?

5. ¿Quién fue tu maestra del primer grado y qué recuerdas de primer grado?

6. ¿Cuál fue tu primera buena/y mala nota en la escuela?

7. ¿Cuáles fueron las primeras vacaciones que recuerdas haber tenido?

8. ¿Quién fue el primer chico que te gustó? (¡Y me encantaría saber quién fue!)

9. *Si aplica:* ¿Recuerdas tu primera comunión? O ¿tu primera Biblia? O ¿el primer versículo que memorizaste?

10. *Si aplica:* ¿Qué recuerdas acerca de tu primer baile? O ¿tu primer recital? O ¿primer evento formal para el que te pusiste ropa elegante?

11. *Si aplica:* ¿En qué piensas cuando recuerdas tu primera fiesta de graduación?

12. *Si aplica:* ¿Qué recuerdas acerca de la primera vez que rompiste con un chico?

13. *Si aplica:* ¿Qué ha sido lo mejor/peor de tu primer trabajo? ¿Recuerdas cómo te sentiste cuando te pagaron por primera vez?

14. *Si aplica:* ¿Cuál fue el primer carro que tuviste? [O ¿el primer carro en que recuerdes haberte subido de pequeña?]

15. ¿Qué es lo primero que te gusta hacer en la mañana para comenzar bien tu día?

CITA PADRE E HIJA #5:
Diez cosas descabelladas que hubiera querido tener el coraje de hacer

Para esta actividad, pídele a tu hija escribir diez cosas que sueña hacer algún día, sin importar cuan descabelladas parezcan.

Enséñale a soñar en grande y al mismo tiempo darse cuenta de que estas diez cosas tienen el potencial de moldear sus decisiones en este momento de su vida, basándose en sus metas personales, que tendrán un propósito a largo alcance.

Usa esta oportunidad para reforzarle que tú siempre serás quien la apoya sin importar qué obstáculos se presenten.

Para puntos extra como papá, haz tu propia lista y compártelas en la cita padre e hija, siendo un modelo para ella de que nunca es tarde para tener nuevas metas y ver hacia adelante. También puedes usar su lista como guía de oración para pedirle a Dios que haga realidad sus sueños y deseos.

¿Por qué vale la pena hacer esto? Hace una década, escribí mi propia lista de diez cosas descabelladas y una de ellas era escribir un libro. Parecía loco e imposible de lograr en ese momento, pero en el 2014 lo hice. Así es que hablo desde la experiencia cuando digo: "Escríbelo y suéñalo"

1. _____
2. _____
3. _____
4. _____
5. _____
6. _____
7. _____
8. _____
9. _____
10. _____

❝❝ CITA PADRE E HIJA #6:
Viéndome a mí mismo con otro lente

Esta es una herramienta de auto reflexión muy creativa que he implementado y que uso frecuentemente con mis clientes en terapia.

Aunque este ejercicio tiende a ser difícil para las mujeres, al final les ayuda a dar un gran paso hacia aceptar la verdad acerca de ellas mismas. Para algunas hijas, puede parecer un ejercicio arrogante, lo cual puede requerir tu ayuda en este proceso. Si es así, pregúntale qué dicen los demás acerca de ella como amiga, estudiante, compañera de trabajo, hija, hermana, líder, atleta, etc. Te aseguro que este proceso dará pie a una conversación muy dinámica entre los dos.

1. Enumera doce características que te describen:

   1. _____   7. _____
   2. _____   8. _____
   3. _____   9. _____
   4. _____   10. _____
   5. _____   11. _____
   6. _____   12. _____

2. Circula las tres características que mejor te describen.

3. Escribe el nombre de un animal que represente esas tres características [recuérdale que este ejercicio está diseñado para ser divertido, así que un animal será perfecto. Puedes compartirle que yo escogí un pájaro petirrojo porque son pájaros que aman cantar, nacieron para volar y disfrutan hacer de los árboles sus casas.]

4. Construye un hábitat mental para este animal que tenga todo lo necesario para estar a salvo, feliz y sano. ¿Cómo se ve este hábitat?

5. ¿Qué vería o escucharía en ese lugar?

6. ¿Qué aromas sentiría?

7. Ahora la parte divertida, imagínate que eres este animal. ¿Cómo puedes comparar lo que este animal necesita para estar a salvo, ser feliz y sano con lo que tu necesitas para recargarte y florecer?

8. Escribe dos o tres cosas que harás para comenzar a incorporarlo a tu vida basado en lo que acabas de aprender al verte por medio de un lente diferente y creativo.

❝❝CITA PADRE E HIJA #7:
Definiéndome a mí misma

La siguiente lista de preguntas puede ser abordada de diferentes maneras: (1) puedes leerlas a tu hija y pedirle que te diga lo que viene a su cabeza inmediatamente al escuchar cada oración, o (2) puede ella leerte las preguntas a ti, así escucha tus respuestas antes de darte las de ella.

Escribe sus respuestas incluyendo la fecha de hoy, te servirá como un medidor que te recordará lo que compartió contigo en este momento de su vida.

Me siento yo misma cuando . . . _____

Lo que me gusta en las personas es . . . _____

Me enoja cuando . . . _____

Me siento feliz cuando . . . _____

Algo que me gustaría lograr es . . . _____

_____

No me gusta cuando . . . _____

No me siento yo misma cuando . . . _____

Me siento débil cuando . . . _____

Yo nunca . . . ⎯⎯⎯⎯⎯⎯⎯⎯⎯⎯⎯

Me entristece cuando . . . ⎯⎯⎯⎯⎯⎯⎯

Cuando estoy sola me siento . . . ⎯⎯⎯⎯

Yo siempre . . . ⎯⎯⎯⎯⎯⎯⎯⎯⎯⎯

Yo creo en . . . ⎯⎯⎯⎯⎯⎯⎯⎯⎯⎯

Más que todo, quisiera . . . ⎯⎯⎯⎯⎯⎯

Fui el tipo de niña que . . . ⎯⎯⎯⎯⎯⎯

Algo que quisiera cambiar de mi misma es . . . ⎯⎯⎯

⎯⎯⎯⎯⎯⎯⎯⎯⎯⎯⎯⎯⎯⎯⎯⎯⎯

Me siento más fuerte cuando . . . ⎯⎯⎯⎯

Cuando hay un lindo día, me gusta . . . ⎯⎯⎯

Mi actividad favorita es . . . ⎯⎯⎯⎯⎯⎯

Cuando me siento feliz, me gusta . . . ⎯⎯⎯

❝❝ CITA PADRE E HIJA #8:
Preguntas divertidas acerca de películas (series o libros)

Cuando le preguntes a tu hija acerca de su preferencia en películas (series o libros), no intentes darle una lección. La meta es hacerle preguntas que le permitan revelar sus pensamientos y opiniones.

Ya habrá un momento para ofrecerle tu punto de vista, no aquí, al principio de este viaje.

Si tu hija prefiere series o libros más que películas, ten la libertad de usar series o libros en las siguientes preguntas.

1. ¿Cuáles son dos o tres de tus películas favoritas y por qué?
2. ¿Qué líneas son las que más recuerdas de esas películas?
3. ¿Le das importancia a las críticas o escuchas el punto de vista de tus amigos en cuanto a que ver?
4. ¿Cuál fue la mejor película que has visto este año (o en tu vida) y qué es lo que más te gustó?
5. ¿Cuál ha sido la peor película que has visto y qué fue lo que no te gustó?
6. ¿Cuál es la película que más miedo te ha dado?
7. ¿Cuál es la película que más te ha entristecido?
8. ¿Cuál es la película que más te ha hecho reír?
9. ¿Tienes un director favorito? ¿Cómo evalúas la calidad del director en cada película?
10. ¿Has visto alguna película solo porque te gusta el director, o es irrelevante para ti?
11. ¿La música afecta como reaccionas a las películas? ¿Por qué o por qué no?
12. ¿Quiénes son tus actores o actrices favoritos y por qué?
13. Si pudieras interpretar el papel protagónico en una película, ¿Cuál sería y por qué?

❝❝ CITA PADRE E HIJA #9:
El ABC acerca de tu hija

Esta es una manera de decirle sus cualidades de la A a la Z.
Usa cada letra del alfabeto como tu guía para decirle las cualidades que aprecias, admiras y adoras de ella.

Para un mayor beneficio, escribe una lista de sus cualidades antes de tu cita padre e hija y léelas en persona. Así ella podrá quedarse con lo que escribiste, agregando fuerza y valor a las palabras que compartas.

Te ayudo a comenzar ... "Hija, ante mis ojos eres Adorable, Bella, Confidente, Dispuesta, Extraordinaria ..."

A. _____

B. _____

C. _____

D. _____

E. _____

F. _____

G. _____

H. _____

I. _____

J. _____

K. _____

L. _____

M. _____

N. _____

O. _____

P. _____

Q. _____

R. _____

S. _____

T. _____

U. _____

V. _____

W. _____

X. _____

Y. _____

Z. _____

🗨 CITA PADRE E HIJA #10:
El ABC acerca de Dios

Ya que te divertiste creando el ABC acerca de tu hija, mantén el impulso con este ejercicio para dos personas donde ambos puedan describir las cualidades de Dios. Si comienzas con la A, tu hija puede aportar la B, y así completar el alfabeto juntos.

Aunque tu hija y tú estén en páginas diferentes en su vida espiritual, este ejercicio puede ser una ventana por la cual puedan entender sus puntos de vista sin intentar forzar sus creencias.

Te ayudo a comenzar… "Dios es Amoroso, Bueno, Creativo, Director, Extravagante . . ." [Si tú o tu hija están luchando espiritualmente, quizá se encuentren diciendo cosas como: "Dios es o está Ausente, Bélico, Callado, Dominante, Enfadado. . ."]

A. _____

B. _____

C. _____

D. _____

E. _____

F. _____

G. _____

H. _____

I. _____

J. _____

K. _____

L. _____

M. _____

N. _____

O. _____

P. _____

Q. _____

R. _____

S. _____

T. _____

U. _____

V. _____

W. _____

X. _____

Y. _____

Z. _____

❝ CITA PADRE E HIJA #11:
Expresándote y expresando tu estilo

La diseñadora de moda Rachel Zoe dijo, "El estilo es tu manera de decir quién eres sin usar palabras." *El estilo es una expresión externa de quien nosotros mismos consideramos ser, y lo revelamos por medio de la ropa, el peinado, el color de cabello, tatuajes, aretes, y joyas, por nombrar algunas cosas. Y estés o no de acuerdo con el estilo de expresión de tu hija, es importante que la dejes hablar para comprenderla mejor.*

Muchos padres me han preguntado cómo guiar a sus hijas a través de este laberinto cuando ellos mismos no están de acuerdo con el estilo de ropa que prefieren. Vamos a profundizar en este tema cuando lleguemos a la Cita Padre e Hija#18: Preguntas acerca del gusto de tu hija en cuanto a ropa, pero por ahora, la meta es escuchar sin juzgar y sin criticar, lo cual es la llave para dar el paso fundamental en acercarte a tu hija.

1. ¿Cómo describirías tu estilo? (Circula las opciones que consideres)

Juguetón	Retro
Femenino	Seductora/Llamativa
Bohemio/Libre/Casual	Moderna/A la moda del
	momento
Deportivo	Marimacho
Clásico	Poco convencional
Hippie/Terroso	Otro _____
Artístico	

2. ¿Qué palabras de la lista dirías que describen tu estilo hace dos años? ¿Qué tal hace cinco años?

3. ¿Te gusta tu estilo actual? ¿Has pensado en cambiarlo? Si es así, ¿Qué nuevo estilo llama tu atención?

4. ¿Es importante para ti tener un estilo único y personal, o no te importa tanto?

5. ¿Qué te gusta de tener un estilo propio? ¿Te estresa algo de toda esta idea?

6. ¿Dirías que hay celebridades que tienen un estilo que se parece al tuyo? ¿Qué te gusta del estilo de esa persona?

7. ¿Crees que el estilo y la moda influyen en la manera en que te relacionas con tus amigos?

8. Ahora hablemos acerca de mi estilo como tu papá. ¿Qué palabras usarías para describirlo, y tienes alguna sugerencia de cómo puedo actualizar mi look? (Esta puede ser muy divertida y graciosa si decides no ofenderte por algo que ella te diga)

Nota de la Dra. Michelle: Muchos hombres creen que su estilo está bien, aunque las mujeres que los rodean digan lo contrario. Sin embargo, si logras mantenerte receptivo a lo que tu hija te diga acerca de tu estilo, puede ser una fuente muy poderosa de unidad entre padre e hija. Para puntos extra, papá, deja que ella escoja una nueva prenda para ti. Eso será un regalo que mantiene su valor, porque cada vez que la uses, ella recordará que respetaste su opinión, agregando otro momento positivo a su colección de experiencias padre e hija.

❝CITA PADRE E HIJA #12:
El juego de la mejor fotografía en el teléfono móvil

Este ejercicio es una manera interactiva de conectar como padre e hija, llegando a su mundo usando el teléfono celular.

Esto lo puedes hacer en una de las citas padre e hija, en un viaje en carro, o en algún momento del día.

Puedes abordar el tema de la siguiente manera: "Hola, hija. Tengo una idea divertida para nuestra cita padre e hija: una búsqueda del tesoro, edición fotos. Primero, definamos una lista de cosas a las cuales tomarles fotografías en diferentes lugares. Después, vamos a capturar las fotografías creativas por separado, y al terminar compartimos nuestras fotografías y la historia detrás de cada una. O si tu prefieres que las tomemos juntos, también podemos hacer eso. ¿Qué te parece?"

Opciones para el juego:

1. **Crea una lista de cosas, lugares o personas que cada uno buscará para fotografiar** (por ejemplo, naturaleza, carros, relojes, ropa, peinados, niños, personas mayores, animales etc.). Luego, cada uno toma sus fotografías con un tiempo definido en contra del reloj buscando cada cosa, lugar o persona en una o diferentes localidades (Ejemplo: El centro comercial, el aeropuerto, un parque, la iglesia, su casa, etc.)

2. **Haz una lista de temas** con la especificación de que cada uno de ustedes tiene la libertad de interpretarlos de la manera que quieran (por ejemplo, patrones, color, relaciones, enojo, amor, conflicto, calma, alegría, misterio, etc.). Puede ser más fácil escoger un tema cada vez que jueguen a tomar fotografías para que ambos logren disfrutar la manera en que cada uno captura el enfoque del día.

3. Cuando estén juntos de nuevo, **compartan acerca de cada fotografía**—dónde la tomaron y por qué la tomaron. La meta es facilitar una conversación, haz que tu objetivo sea escuchar la historia del porqué fue importante para ella capturar ese tema, no solo escuchar la información.

4. **Afirma su creatividad**—Su ojo para el detalle, estilo único, interpretación ingeniosa, etc.

5. Si esta experiencia interactiva es un éxito con tu hija, puedes, en citas posteriores, **escoger un tema, persona o lugar** diferente de listas que hayan usado ya, y al final de la cita, resaltar diez fotografías preferidas y escoger una que sea la favorita de cada uno, claro, tomada por el otro.

6. Para hacer este ejercicio más especial aún, antes de llegar a casa, ve a un lugar donde puedan imprimir las fotografías favoritas de tu hija, quizá puedes hasta comprarle un marco para que pueda enmarcarla. Mostrando interés en las fotografías de tu hija, tanto que hasta estés dispuesto a gastar dinero para imprimirlas y enmarcarlas, harás que ella se llene de confianza. Cada vez que tu hija vea esas fotografías, recordará tu amor y apoyo.

❝❝CITA PADRE E HIJA #13:
El reto de 24 horas sin teléfono móvil

Aunque acabas de usar tu teléfono móvil para hacer más fuerte el lazo de unión con tu hija en la cita padre e hija pasada, otra manera de mejorar esa conexión es disminuir el uso del teléfono móvil estableciendo un plazo de veinticuatro horas sin usarlo.

Obviamente, no podrás tomar este reto literal cuando se trate de situaciones extenuantes como problemas de salud. Sin embargo, muchas personas admiten que la dependencia del teléfono tiene muy poco que ver con emergencias y más con conveniencia, entretenimiento y disponibilidad 24/7. Yo tomo descansos del teléfono móvil por un día entero durante la semana, ¡y lo recomiendo mucho!

Puede ser difícil apagar sus teléfonos móviles, pero cuando consideren de qué manera los aparatos pueden afectar nuestras relaciones, se convierte en un reto que vale la pena. El hecho de que existe un Día Nacional Para Desconectarse nos puede indicar la naturaleza adictiva del teléfono móvil entre nosotros, ¿no crees?

Si veinticuatro horas es mucho tiempo para desconectarse, comienza por doce horas como punto de partida.

Sugiero que leas el libro Deviced! Balancing Life and Technology in a Digital World con tu hija, escrito por mi amiga y colega, la Dra. Doreen Dodgen-Magee.

Aquí te ofrezco una manera de abordar el tema con ella: "Hola, hija. Tengo un reto tanto para ti como para mí. ¿Qué pasaría si tú y yo apagamos nuestros teléfonos móviles por un día para ver si podemos vivir sin ellos? Esto permitirá que nuestros cerebros descansen y podremos estar más conectados con el ambiente a nuestro alrededor y con las personas que amamos. ¿Estarías dispuesta a hacer esto conmigo? Después podemos terminar nuestro 'ayuno de teléfono' comiendo en un restaurante, yendo a caminar o tener una plática aquí en casa para compartir lo que aprendimos de la experiencia. Al procesarlo juntos te haré una serie de preguntas y tú puedes preguntarme a mí de vuelta. ¿Qué piensas?"

1. ¿Qué fue lo más difícil de no tener tu teléfono móvil contigo por veinticuatro horas?
2. ¿Qué fue lo que más extrañaste de no tener tu teléfono móvil por un día?

3. ¿Te sorprendiste con algo positivo que te pasó o no fue tan difícil el no tener tu teléfono?

4. Sin tu teléfono móvil ¿Qué hiciste por veinticuatro horas?

5. ¿Algo de eso fue una nueva actividad que no habías intentado hacer en un buen tiempo?

6. Los dos sabemos que el *FOMO* [Fear of Missing Out— el miedo a perderse de algo] es algo real. ¿Crees que el *FOMO* afectó tu manera de pensar o tus sentimientos en estas veinticuatro horas?

7. ¿Alguno de tus amigos sintió pánico al no poderte contactar? ¿Tú lo sentiste?

8. ¿Qué aprendiste acerca de ti misma durante esta experiencia?

9. ¿Notaste algo diferente en mi en un día sin mi teléfono móvil?

10. Ahora que lograste pasar veinticuatro horas sin tu teléfono móvil, probando que puedes sobrevivir sin él, ¿te gustaría implementar un descanso semanal para forzarte a no depender tanto de él? [Dile que tú lo harás con ella también.]

9. ENSÉÑALE A AMAR

En esta sección de guiones, tu meta es enseñarle a tu hija a amarse a sí misma y al mismo tiempo a aceptarse de una manera positiva. Luego, ella podrá compartir su belleza y amabilidad con otras personas, empoderada del deseo de impactar el mundo de una manera positiva.

Papá, tú tienes un papel muy importante en la fortaleza de tu hija, en su salud y bienestar. Cuando depositas amor consistentemente a su corazón, ella no pierde el tiempo en dudar si es digna de amor, lo cual crea un fundamento sólido en cómo ella se ve a sí misma y en consecuencia, en su manera de dar a los demás. *De este modo, ella no tendrá la necesidad de ir a buscar amor en los lugares equivocados; en cambio, lo buscará en los lugares correctos.* Y desde ese lugar, hermoso, bien cimentado y desde un lugar empoderado, se asegurará de que todos los que están a su alrededor se sientan de la misma manera.

Tu hija prosperará cuando viva para amar.

Como he mencionado, varios estudios confirman que las chicas que se sienten conectadas a sus padres son más exitosas en un mayor número de aspectos de la vida. Así que no importando si el padre reconoce o no el poder de su influencia, la realidad es que las chicas y las mujeres que han tenido una relación cercana con sus papás tienen una seguridad incomparable en sí mismas.

❝❝CITA PADRE E HIJA #14:
Preguntas acerca de perfiles de personalidad e inventario de perfiles

Papá, como tu bien lo sabes, cada uno de tus hijos llegó a este mundo con un temperamento único y peculiar. Y la personalidad de tu hija está entrelazada con una medida equitativa de hormonas, estados de ánimo, deseos, antojos y tendencias. En este proceso de autodescubrimiento, el deseo es que ella pueda aceptar profundamente sus fortalezas y al mismo tiempo pueda trabajar en sus debilidades buscando convertirse en la persona más sana y fuerte que pueda ser.

Es importante tener en cuenta que cuando las niñas y mujeres jóvenes se comprenden mejor a sí mismas, y a medida que puedan apreciar sus personalidades únicas, su positivismo y seguridad, son reforzados. También te darás cuenta que al poner más esfuerzo en comprender la manera en que tu hija está hecha, será más sencillo para ella poder interactuar contigo. Esto se debe a que sentirá que tu aceptación cada vez se hace mayor. Todo esto, para decirte que disfrutes el proceso de conocerla mejor.

Estas preguntas te equiparán para interactuar con las dinámicas distintivas de personalidad en tu hija, llevándolos a más batallas ganadas en la manera en que interactúan.

Mientras navegas por esta conversación con tu hija, anímala a aceptar su estilo de personalidad y al mismo tiempo, utiliza este momento para evaluar la tuya.

Muchos inventarios han sido creados a lo largo de los años, incluyendo La Teoría de los Cuatro Temperamentos (Colérico, Sanguíneo, Melancólico y Flemático); El Modelo Merril-Reid (Analítico, Conductor, Amistoso, Expresivo); El perfil DISC, usado por muchas organizaciones para mejorar el desarrollo del liderazgo y facilitar la relación entre colegas (Dominante, Influyente, Estable y Analítico); y el Inventario de Personalidad de Smalley y Trent (León, Nutria, Golden Retriever; Castor).

Basada en la retroalimentación que he recibido por parte de varias hijas, su modelo preferido es el creado por el Dr. Gary Smalley y el Dr. John Trent, en su libro *The Two Sides Of Love*.[1] Y porque estos animales resultan familiares, este modelo no académico tiende a ser el más fácil de recordar.

Para poderte ilustrar de una mejor manera el impacto positivo que ha tenido esta información sobre la vida de una mujer de diecisiete años, he decidido compartirte la historia tal y como la cuenta su papá, Andy.

HISTORIA POR ANDY:

"Cuando Meghan y yo trabajamos las hojas de trabajo de perfiles de personalidad, se iluminó su rostro al darse cuenta de que es la nutria. Siempre ha sentido que no sabe cuál es su lugar, así que saber que encaja en una categoría fue algo muy importante para ella.

Al final, se emocionó mucho y exclamó, '¡Esta soy yo!' Incluso la escuché compartir con una de sus amigas que es una nutria y es por eso por lo que habla mucho. Estoy muy feliz porque ella está descubriendo de qué está hecha y aceptándose a sí misma. Me está ayudando a comprenderla mejor."

Ningún tipo de personalidad brilla más que otro, tampoco es más popular que otro, así que es importante tomar en cuenta que se complementan de muchas maneras. Cada uno tiene sus propias fortalezas y debilidades.

Con eso en mente, te comparto un número de preguntas para ayudar a tu hija a determinar su estilo de personalidad principal y secundario. Quizá no presente todas las características enumeradas en cada categoría, así que puedes aconsejarle que busque el animal del cual presenta la mayoría de las respuestas.

1. ¿Cuál de las siguientes oraciones suena más como algo que dirías tú?

   A. **León:** *"Hagámoslo ya"*
   B. **Nutria:** *"Confía en mí. De alguna manera, todo funcionará para bien"*
   C. **Golden Retriever:** *"Dejemos las cosas como están"*
   D. **Castor:** *"¿Cómo lo han hecho en el pasado?"*

2. ¿Cuál de los siguientes rasgos crees que te describe mejor? ¿Qué animal te describe mejor?

   A. **León:** Solucionador de problemas, asertivo, directo, le gusta tomar riesgos, competitivo, sarcástico, le gusta estar a cargo, demandante, sin emociones.
   B. **Nutria:** Verbal, entusiasta, dramático, encantador, convincente, impulsivo, influyente, indisciplinado, exagera, habla mucho.
   C. **Golden Retriever:** Paciente, leal, relajado, gentil, considerado, empático, solidario, sensible.
   D. **Castor:** Organizado, deliberado, curioso, preciso, lógico, sistemático, disciplinado.

El animal que consideras que se parece más a ti, revela tu estilo de personalidad principal. El animal que crees es el segundo que se parece más a ti, revela tu estilo de personalidad secundario.

[Papá, utiliza esta oportunidad para invitar a tu hija a ayudarte a confirmar tu estilo de personalidad principal y secundario también. Esto permitirá que tengan una conversación con un punto en común. Por ejemplo, puede que te diga, "Señor León, ¿puede bajarle un poco de volumen a ese rugido por favor?" O tú puedes decirle a ella: "Hola señorita Golden Retriever, ¿Cómo puedo ayudarle a encontrar una motivación el día de hoy?"]

3. Ahora veamos las fortalezas de tu estilo de personalidad principal y secundario. ¿Cuál de las características a continuación te describe mejor? ¿Cuáles de los rasgos enumerados a continuación te gustan más acerca de ti? (circula los que apliquen.)

   A. **León:** Gran triunfador, ama los retos, halla motivación interna, independiente, líder, determinado, decisivo, visionario, voluntarioso.

   B. **Nutria:** Buen comunicador, imaginativo, extrovertido, con mucha energía, sociable, disfruta a las demás personas, energético, entusiasta.

   C. **Golden Retriever:** Confiable, tranquilo, simpático, diplomático, conformista, juega muy bien en un equipo, confiado, solidario, busca la paz, paciente.

   D. **Castor:** Preciso, muy bien organizado, orientado hacia los detalles, completa sus tareas, ama los hechos, creativo, perceptivo, disciplinado, lógico, le gusta la rutina.

4. ¿Cómo afectan estos atributos positivos tu vida (Ejemplo: En la escuela, deportes, tu trabajo, amistades, familia, etc.)?

5. Ahora, veamos las debilidades de tu estilo de personalidad principal y secundario. ¿Cuál de las características a continuación te describe mejor? ¿Cuál de los rasgos enumerados a continuación te gusta menos acerca de ti? (circula los que apliquen.)

   A. **León:** Perfeccionista, demandante de sí mismo y de otros, crítico, duro, abrupto, fuerte, competitivo, frío, dominante, con muchas opiniones, dogmático, sarcástico, cruel.

   B. **Nutria:** Se deja llevar por sus emociones, exagera, dramático, le cuesta completar las cosas, impulsivo, habla demasiado, poco realista, indisciplinado.

   C. **Golden Retriever:** Le cuesta ser firme con sus

decisiones, duda mucho, muy sensible, procesa lento, indirecto, miedoso, poco asertivo, posterga, empático, indeciso.

D. **Castor:** Cuidadoso, tentativo, muy crítico, le cuesta confiar, rígido, no toma riesgos, muy estructurado, firme, malhumorado, poco sociable.

6. ¿En qué áreas de tu vida ves estos atributos no tan positivos desarrollarse más? (Ejemplo: En la escuela, deportes, tu trabajo, amistades, familia, etc.)

7. ¿Cómo te gustaría mejorar en estas áreas de debilidad? [Este es un buen momento para admitir debilidades que has notado en ti basándote en tus estilos de personalidad, así le harás saber a tu hija que estás con ella y que no tienes todo perfectamente resuelto.]

8. ¿Cómo puedo apoyarte y animarte durante tu proceso de mejorar en estas áreas? [Papá, hazle saber en qué maneras tú te comprometes con tu meta de mejorar también.]

❝❝CITA PADRE E HIJA #15:

Preguntas acerca de los lenguajes del amor

De acuerdo con el psicólogo y autor, Dr. Gary Chapman, todos dan y reciben amor en cinco maneras diferentes: tiempo de calidad, palabras de afirmación, actos de servicio, contacto físico y regalos.[2] Él los llama: *"Lenguajes del Amor"*, afirmando que cuando identificamos y hablamos nuestro primer y segundo dialecto, somos capaces de comunicar amor de una manera más eficiente.

Papá, aunque creas que conoces los lenguajes del amor de tu hija, porque los has identificado antes, te animo a consultar de nuevo con ella, porque cambian con el tiempo.

HISTORIA DE LA DRA. MICHELLE

Cuando escuché por primera vez de los lenguajes del amor, en mis veintes, pensé que los míos eran tiempo de calidad y palabras de afirmación, para después darme cuenta, con el paso de los años, que en realidad eran: regalos y contacto físico. Al principio rechacé éstas dos porque me parecieron expresiones vacías, o que parecían menos dignas de respeto que los demás. Tuve un mejor entendimiento a raíz de leer el libro del Dr. Chapman *"Dios Habla Tu Lenguaje de Amor",* donde resalta que Jesús habla los cinco lenguajes efectivamente. Esto me llevó a ser honesta conmigo después de comprender que todos los lenguajes eran positivos. Fue entonces que pude aceptar las maneras en las que estos dos lenguajes fluyen de mí de manera natural y al mismo tiempo, me llenan de gozo.

En *Los 5 Lenguajes Del Amor para Adolescentes,* el Dr. Chapman resalta una verdad que aplica no importando la edad de tu hija: "El bloque de construcción más fundamental en una relación padre-adolescente" dice "es amor."[3] también agrega, "Considero que amor es la palabra más importante del Idioma Inglés y al mismo tiempo la más incomprendida" y "Considero que si la necesidad de amor en la vida emocional de un adolescente se satisface en sus años de adolescencia, él o ella podrán navegar las aguas del cambio y salir del otro lado como jóvenes adultos sanos."[4]

Cuando inicies esta conversación con tu hija, recibirás información vital que te ayudará a alcanzar su corazón de manera efectiva, en la que ella lo pueda asimilar.

Esta serie de preguntas te dará a ti y a tu hija una manera innovadora de identificar sus lenguajes primarios y secundarios del amor, y así abrir un camino hacia una conexión más profunda.

Te ofrezco una manera de abordar el tema con ella: "Hola, hija. Quizá has escuchado del concepto de los lenguajes del amor—cinco maneras en las que todos damos y recibimos amor. Creo que explorar este tema puede ser una manera creativa en la que podamos comprendernos a nosotros mismos y así identificarnos mejor el uno con el otro. ¿Estarías dispuesta a esto?"

1. Comenzaré una oración y tú la terminas: "Me siento amada por ti, papá, cuando . . ." [Esto te dará una gran pista en cuanto a sus lenguajes del amor.]

2. Los cinco lenguajes del amor principales son: tiempo de calidad, palabras de afirmación, actos de servicio, contacto físico y regalos. Pensé que sería divertido para nosotros descubrir nuestro lenguaje primario y secundario del amor. Aunque los cinco lenguajes son increíbles, comencemos por descartar los dos que crees no necesitar tanto en tu vida, y yo haré lo mismo.

   - Los dos lenguajes del amor que probablemente podrías eliminar son:

   _____

   _____

   - Los dos lenguajes del amor que probablemente yo podría eliminar son:

   _____

   _____

3. Mientras trabajamos juntos para identificar tu lenguaje primario y secundario del amor, piensa en momentos en los que amigos y familia te han expresado amor. ¿Qué historias recuerdas de momentos en los que te has sentido más amada?

4. Piensa en maneras en las que demuestras tu amor hacia los demás, ¿puedes describir cómo demuestras amor para que otros se sientan especiales?

5. Ahora, emparejemos las historias que acabas de contar con los tres lenguajes del amor que quedan. ¿Cuál identificas como tu mayor expresión de amor (tu lenguaje principal) con la cual sientes gozo al dar y al recibir amor?

6. Y ahora, con dos lenguajes del amor disponibles para escoger, ¿Cuál te parece que podría ser tu lenguaje de amor secundario? Está bien si no estás completamente segura, puedes cambiarlo después. Pero por ahora, ¿Con cuál te identificas?

7. Aquí hemos aterrizado:

   • El lenguaje del amor principal de mi hija es . . .

   _____

   • El lenguaje del amor secundario de mi hija es . . .

   _____

   • Mi lenguaje del amor principal es . . .

   _____

   • Mi lenguaje del amor secundario es . . .

   _____

8. Ahora que identificaste tu lenguaje de amor primario y secundario, ¿cómo anticipas este descubrimiento ayudándote a expresar amor con más precisión y que desborde la manera en que estas hecha?

9. Ahora que yo identifiqué mi lenguaje de amor primario y secundario, ¿cómo el saber esto acerca de mí afecta tu entendimiento de la manera en que te expreso mi amor por ti?

10. Quiero aprender a hablar con fluidez tus lenguajes del amor, ¿puedes ayudarme a saber cuándo estoy haciendo un mejor trabajo en hablar o actuar de maneras que conecten mejor con tu corazón?

❝❝ CITA PADRE E HIJA #16:
Preguntas acerca del autoestima

Estas tres preguntas están diseñadas para guiar a tu hija a ser honesta consigo misma y contigo acerca de lo que piensa, siente y cree de ella, especialmente cuando se trata de su importancia y su valor, lo cual es el fundamento del autoestima.

Quiero exhortarte a escuchar una plática TEDx por mi amiga, la Dra. Meg Meeker llamada "Good Dads—The Real Game Changer". Te ayudará a prepararte para esta conversación. En su plática, resalta lo vital que es el papel de un padre en reforzar la autoestima de su hija. Ella dice, "los padres son una figura clave en la formación de identidad en un niño... cambian la vida su vida y hasta la cultura porque son la clave en el desarrollo de la autoestima sana de un niño. Incluso, los mejores estudios han comprobado que la mejor manera de impulsar la autoestima de una niña es afecto físico por parte del padre."[5]

Puedes leerle estas preguntas en tu cita padre e hija, o si crees que sería mejor darle tiempo para pensar en las respuestas, puedes darle las preguntas por adelantado, invitándole responderlas y llevarlas el día de la cita.

Aquí hay una manera en que podrías abordar el tema con ella: "Hola, hija. Como quizá ya sabes, la autoestima es un término que se usa para describir cómo se siente una persona acerca de sí misma. Me gustaría saber en donde te encuentras hoy con tu autoestima. Puedo darte las preguntas antes de nuestra cita padre e hija para que tengas tiempo de meditar en ellas y escribir tus pensamientos; o puedo hacerte las preguntas cuando estemos juntos. ¿Qué te parece mejor? ¿Estarías dispuesta a hablar de esto conmigo?"

1. ¿Tres palabras que utilizarías para describirte a ti misma últimamente? [Esta es una pregunta abierta para darle a ella la libertad de decir lo que venga a su mente.]

2. De 0 a 10, siendo 0 baja y 10 muy alta y muy bien, ¿Qué número representa de mejor manera como te sientes contigo misma ahora?

3. De 0 a 10, 0 siendo baja, no tan buena y 10 siendo alta y muy bien, ¿Qué número representa de mejor manera como te sentías contigo misma hace un año?

4. ¿Qué ha cambiado tu percepción de ti misma en este último año?

5. He escuchado que mientras más digna se siente una chica de experimentar cosas buenas, mejor se siente con ella misma y con el mundo a su alrededor. ¿Crees que eres digna de que te pasen cosas buenas? ¿Te culpas a ti misma cuando te pasan cosas malas?

6. Muchos estudios han probado que hay muchos factores que influyen en la autoestima. Me gustaría escuchar lo que piensas, si estás dispuesta a compartir tu opinión, acerca de las siguientes preguntas.

    • ¿Qué te gusta/que no te gusta de tu personalidad?

    • ¿Qué habilidades/talentos tienes que te hacen sentir segura de ti misma?

    • ¿Qué habilidades/talentos tienes que te hacen sentir menos segura de ti misma?

    • ¿Qué te gusta/que no te gusta acerca de tu apariencia física?

    • ¿Qué hábitos tienes que te gusta tener/que no te gusta tener?

    • ¿Qué principios morales o creencias tienes de cuales estás orgullosa/o no?

7. ¿Cómo puedo hacer un mejor trabajo en acompañarte y ayudarte a sentirte mejor contigo misma? Puedes escribirme una carta si consideras que es más conveniente que decirlo en este momento.

❝❝CITA PADRE E HIJA #17:
Preguntas acerca de la imagen corporal

- Papá, ¿sabes cuanto los estudios dicen una y otra vez lo importante que es la imagen corporal para tu hija?
- Más del 80 por ciento de las chicas y mujeres no se ven a sí mismas como el ideal que tienen en cuanto a su imagen corporal.
- Más del 60 por ciento de mujeres, identifican su peso como el factor principal que determina cómo se sienten acerca de sí mismas, incluso más importante que sus familias, la escuela y sus carreras.
- Nueve de diez mujeres afirman que no están satisfechas con sus cuerpos y que quieren perder peso.
- Tristemente, solo el 2 por ciento de mujeres se consideran bellas.[6]

Incluso, una imagen corporal negativa puede estar asociada con depresión, ansiedad, desórdenes alimenticios y/o el abuso de las drogas y el alcohol.

Muchos padres tienden a evadir las conversaciones acerca de la imagen corporal con sus hijas. Sin embargo, muchos padres con los que he trabajado dijeron que, aunque esta fue una de las más difíciles conversaciones con sus hijas, se sentían muy agradecidos de haberlo hecho al final. Comparto esto, para que puedas establecer el curso e iniciar esta conversación a pesar de los posibles retos.

Las preguntas a continuación te darán un mejor entendimiento de cómo tu hija se ve a sí misma en relación con su imagen corporal. A medida que ella te hable, podrá articular de mejor manera cualquier tipo de crítica exagerada e indiscutible que pueda estarse guardando.

Esta es una manera de abordar el tema con ella: "Hola, hija. Sé que esto puede ser incómodo, pero me gustaría que tuviéramos una conversación acerca de cómo te ves a ti misma, en específico con relación a tu imagen corporal. Quiero que me respondas con toda honestidad, y te prometo que no voy a reaccionar de manera negativa a lo que me digas. Escuchar tus respuestas sinceras, me ayudará a ser más sensible contigo en esta área de tu vida. ¿Qué dices?"

1. ¿Consideras que la manera en que yo te veo afecta como te ves a ti misma? ¿Por qué sí? ¿Por qué no?

2. ¿Mi perspectiva acerca de ti te afecta más, menos o igualmente a la perspectiva que otros tengan acerca de ti?

3. ¿Qué tal en comparación a la perspectiva de los chicos? ¿Qué reflejo de ti importa más, el de ellos o el mío?

4. ¿Consideras que la manera en que te veo ahora tiene una diferencia importante en comparación con la forma en que te veía cuando eras menor? ¿Es menos o más importante ahora comparado con cuando tenías cinco, diez o quince años? [Utiliza diferentes edades si es necesario.]

5. Nosotros los hombres no pensamos mucho en el concepto de imagen corporal. ¿Puedes ayudarme a entender cómo la imagen corporal te afecta en tu día a día, por ejemplo, en tus estados de ánimo, pensamientos, decisiones acerca de cómo vestirte o algo más?

6. ¿Qué parte(s) de tu cuerpo te cuesta aceptar o ver de manera positiva? No estoy tratando de avergonzarte; solo quiero saber para comprenderte mejor.

7. ¿Qué parte(s) de tu cuerpo te gustan más?

8. ¿Qué has aprendido acerca de la imagen corporal al vernos o escucharnos a mi y/o a tu mamá?

9. Se que la frase: "Los palos y piedras pueden romper mis huesos, pero las palabras nunca me harán daño" no es real. Las palabras sí se quedan en nosotros, me pregunto si repites alguna frase negativa o crítica acerca de tu imagen corporal. ¿Cuáles son algunos de los comentarios negativos que has escuchado acerca de tu imagen corporal, y que se han quedado contigo, ya sea comentarios que yo haya dicho, o alguien en nuestra familia o quizá algún amigo?

10. ¿Qué quieres o necesitas de mí en cuanto a comunicar la manera en que te veo [Ejemplo: Más cumplidos, menos crítica y/o bromas, etc.]

11. ¿Qué escuchas en tu cabeza en cuanto a tu imagen corporal cuando te ves en el espejo?

[Finaliza con "quiero que escuches y te repitas a ti misma mi voz en tu cabeza, diciéndote cuanto te adoro y cuan perfecta eres, tal y como eres. Cuando te veo, veo ..."]

🙶 CITA PADRE E HIJA #18:
Preguntas acerca del gusto de tu hija en cuanto a ropa

Constantemente recibo preguntas de padres que necesitan ayuda en cómo tocar este extraño tema con sus hijas, el tema de su gusto en cuanto a ropa, desde cuánta piel puede mostrar hasta qué tan ajustados pueden ser los conjuntos que decida combinarse. Reconozco que esto pueda ser difícil para padres que están buscando una conversación de manera sana, respetuosa, sin iniciar La Tercera Guerra Mundial.

Es sencillo para los padres tomar una postura de "yo soy el más poderoso" con sus hijas en momentos inoportunos cuando la conversación debió llevarse a cabo en otro momento. Por eso es importante que te prepares estratégicamente para iniciar una plática de este tema con tu hija sin abordarla justo antes de salir por la puerta, o al calor del momento.

Quiero recordarte que tu meta es dar lugar a una conversación en la que le enseñes a ella cómo pensar, no solo lo que tu piensas. Si le dices solamente lo que tu piensas y la obligas a adaptarse a lo que tu dictes con mano dura ("*¡Ninguna hija mía sale de la casa vestida de esa manera!*"), automáticamente ella no querrá escuchar tu opinión, lo que hará es construir un muro entre ustedes. Como resultado, no crecerá aprendiendo cómo pensar por sí misma y tomar decisiones sanas porque ya tú las tomas por ella.

Te ofrezco otra forma de verlo: Tienes una oportunidad única de mejorar la manera en que escuchas el punto de vista de tu hija en cuanto a este tema tan complejo. La realidad es que ella se irá de tu casa más rápido de lo que piensas, y tomará sus decisiones sola, muchas sin tu consentimiento o incluso, sin que lo sepas. Así que, por ahora, debes encontrarte con ella en el medio y encontrar puntos en donde puedan coincidir. Y porque ella formará sus propias opiniones estés o no de acuerdo, ¿por qué no fungir mejor como un consultor mientras su cerebro se termina de formar (al llegar a los veinticinco años) y mientras ella forma sus propias convicciones y valores morales?

Esta sección de preguntas está diseñada para motivar una conversación que invite a tu hija a ver este tema desde una nueva perspectiva, que no esté basada principalmente en el estilo de sus amigas, sino, en la que ella pueda considerar lo que comunica por medio de su ropa.

Esta es una manera de abordar el tema con ella: "Hola, hija. Como sabes, crecí con una generación diferente y los estilos de ropa antes, eran muy diferentes a lo que son ahora. Me pregunto si te gustaría hablar conmigo acerca de cómo la ropa que utilizamos comunica algo específico acerca de quién somos. Reconozco que esto puede sonar un poco complicado o como si estoy tratando de decirte de qué manera vestir, pero esa no es mi intención. Solamente quiero tener una conversación madura acerca de tu forma de vestir, te prometo no enojarme o tratar de dominarte. Solo quiero tener una conversación positiva contigo. ¿Qué piensas?"

1. Durante la onceava cita padre e hija, hablamos acerca de cómo puedes expresarte por medio de tu estilo personal. Visitemos ese tema, pero esta vez, iremos un poco más profundo. De las palabras en esta lista, ¿cuáles son las tres que describen mejor tu estilo? Más allá de tu apariencia ya que estamos hablando de ropa en específico. (circula las opciones que consideres.)

Juguetón	Retro
Femenino	Seductora/Llamativa
Bohemio/Libre/Casual	Moderna/A la moda del momento
Deportivo	Marimacho
Clásico	Gótico
Hippie/Terroso	Poco convencional
Artístico	Otro _____

2. ¿Cómo crees que tu ropa refleja tu personalidad?
3. ¿Consideras que la ropa generalmente refleja algo acerca de quién eres? En otras palabras, ¿crees que otros juzgan a un libro por su portada y hacen suposiciones acerca de nosotras basadas en lo que vestimos? Por ejemplo, si alguien no cuida como se viste, ¿crees que la impresión que dan es que son perezosos o descuidados, aunque no sea la verdad acerca de quien en realidad son?
4. ¿Has juzgado a alguien por su vestimenta? De ser así, ¿De qué manera su vestimenta y estilo personal afectó tu perspectiva acerca de ellos?
5. ¿Alguna vez te han juzgado mal por la manera en que estas vestida?
6. ¿Alguna vez has juzgado mal, interpretado de manera errónea o quizá no has comprendido a alguien por su vestimenta, simplemente para después darte cuenta de que cometiste un error? ¿O que estabas en lo cierto?
7. ¿Crees que es justo formar una opinión acerca de otros basada en su selección de ropa?
8. La Dra. Michelle tuvo una conversación con una empresaria, quien expresó que no contrata a potenciales empleados con tatuajes, porque considera que pueden ser ofensivos para algunos de sus clientes, y no quiere tener que lidiar con las consecuencias. ¿Crees que es justo el no contratar a un potencial empleado con mucha capacidad solo porque tiene tatuajes?
9. Dime tres palabras que describan tu carácter, simplemente quién eres en el fondo. Por ejemplo, ¿honesta, confiable, generosa, leal, compasiva, responsable, etc.?
10. ¿Consideras que esa descripción está alineada con la ma-

nera en que vistes? Déjame preguntarlo de otra manera: ¿Consideras que tu estilo personal es congruente con quién eres en realidad? ¿Crees que la manera en que vistes no está alineada en algún aspecto con el mensaje que quieres transmitir al mundo acerca de ti misma?

11. Esta es una pregunta divertida: ¿Qué estilos de vestimenta consideras que representan mejor a cada profesión o estilo de vida? [Esta lista está diseñada para ser un punto de partida; anima a tu hija a agregar más opciones.]

- Abogada
- Psicóloga
- Barista
- Agente de bienes raíces
- Mamá y ama de casa
- Artista
- Gerente de proyecto
- Arquitecta
- Atleta profesional o entrenadora
- Ingeniera en software
- Diseñadora de moda
- Maestra

12. Dime tres futuras y potenciales profesiones o estilos de vida en que te ves a ti misma.

13. Pensando en tu futura [o actual] carrera, ¿Ves tu estilo de vestimenta [o algo como los tatuajes] teniendo impacto en futuras y potenciales oportunidades de trabajo? Te ofrezco otra manera de preguntarlo: ¿crees que tu forma de vestir es consistente con la manera en que quieres verte como profesional?

14. Ahora es mi turno para decir algo acerca de tu selección de vestimenta. Los estilos en los que me encanta verte porque considero que complementan tu figura y resaltan tu personalidad son ...

> [**Papá:** si sus tres estilos de ropa son *artístico*, *sexy* y *moderno*, pero las tres palabras que describen su carácter son: *auténtica*, *trabajadora* y *visionaria*, y sus

tres potenciales profesiones son, abogada, psicóloga o asistente administrativa, esto puede dar lugar a una conversación acerca de cómo nuestras profesiones muchas veces dirigen la manera en que nos vestimos. Hacer una conexión entre todas estas descripciones será una guía para considerar que la manera en que tu hija se viste sí influye en las opiniones que otros puedan formar acerca de ella, tanto ahora como en el futuro.]

15. Si estás abierta a que yo comparta algunos de mispensamientos acerca de ciertas prendas que has escogido recientemente, me gustaría compartirlas contigo siendo honesto y respetuoso sin querer actuar como superior a ti de ninguna manera. ¿Estaría bien? [Papá, menciona solamente una o dos cosas para no abrumar a tu hija y que resulte en que se sienta criticada. Si ella dice que no, debes honrarla y seguir a la última pregunta]

16. Después de todo lo que platicamos hoy, ¿consideras que has llegado a una nueva forma de pensar acerca de la manera en que vistes?

❝❝CITA PADRE E HIJA #19:
Preguntas acerca del deseo por romance y realeza

Esta sección de preguntas está enfocada en el tema de romance y realeza. Tu meta es guiar a tu hija a conectar con su corazón mientras reflexiona acerca de cuando era pequeña y quizá pudo haber tenido el sueño de vivir un cuento de hadas. Mantendrás la conversación divertida ya que es un momento para que juntos, puedan recordar y viajar al pasado. (Después podrán discutir el tema de chicos con más detalle en la Cita Padre e hija#34: Preguntas acerca de chicos y de salir en citas.)

Puede que esta conversación no sea "lo suyo" y está bien. Muchos padres han tenido conversaciones con sus hijas acerca de este tema, aun cuando ellas no están de acuerdo con la manera que las princesas son representadas. Lo importante es propiciar una conversación y escuchar sus pensamientos a medida que verbaliza lo que tiene dentro.

Esta es una manera de abordar el tema con ella: "Hola, hija. Sé que no siempre me enfoco en temas de realeza y romance. No sé si te interese o no el tema, pero me gustaría escuchar lo que tienes que decir acerca de eso. ¿Qué te parece?"

1. ¿Recuerdas algún momento en que te vestiste de princesa cuando eras niña? ¿Lo disfrutaste? Si tu respuesta es no, ¿Por qué?

2. Cuando eras niña (incluso ahora), ¿te gustaban las películas de princesa? Me gustaría escuchar acerca de los personajes que te gustaban y por qué te gustaban.

3. Ahora que eres mayor, ¿piensas en ser princesa? Si regresaras "a la princesa" a tu vida, ¿Cómo sería y cómo crees que eso te afectaría?

4. ¿Qué mensajes recibiste de parte de las películas que mirabas en ese momento (o que ves ahora) acerca de ser una chica y de ser bella?

5. ¿Cómo crees que el tema de ser una princesa y el que alguien busque tu corazón se unen? ¿O no se unen?

6. Si te sientes cómoda compartiéndolo, ¿Cuáles son tus sueños y pensamientos acerca del romance? ¿Cómo se ve eso para ti? Sé tan honesta como puedas, aunque tus deseos parezcan imposibles.

7. ¿Alguna vez te ha cortejado un chico de la manera en que soñaste?

8. ¿De qué maneras puedo yo hacerte sentir como una princesa y cómo se ve eso en el día a día?

9. Si yo pudiera llenar tu tanque de amor para hacerte sentir amada, especial, aceptada y agradable, ¿Qué podría yo hacer en específico para lograrlo? [Papá, recuerda estar dispuesto a escuchar con atención y animar a tu hija a ser honesta para que puedas aprender al menos dos maneras específicas de buscar su corazón.]

❝CITA PADRE E HIJA #20:
Preguntas acerca de la soltería

Como mujer soltera durante seis décadas, he vivido todos los aspectos acerca de este tema a todo color, lo cual creo que me hace una experta, ¿no crees? Y he tenido un sinfín de conversaciones con tantas mujeres quienes han derramado lágrimas preguntándose por qué aún no han conocido al amor de su vida. Pero aún más devastador es el darme cuenta de que esas mismas mujeres creen que hay algo mal, indeseable o dañado en ellas porque ningún hombre las ha sabido cortejar o tan siquiera escoger, lo cual las ha llevado a concluir que tienen muchos defectos y que no tienen valor.

- Papá, tu hija soltera necesita que le des validez y le afirmes, que la ames y la valores, que la animes y la empoderes justo en donde se encuentre en cuanto a su estado civil. Estas son algunas realidades que quizá esté viviendo. (Estos ejemplos se enfocan en mujeres que nunca se han casado, puedes modificarlos según la situación de tu hija.)
- Nunca ha respondido afirmativamente una propuesta de matrimonio creativa.
- Nunca se ha puesto un anillo de diamante en el cuarto dedo de su mano izquierda que le dice al mundo, *me han elegido, me quieren, me valoran, estoy comprometida.*
- Nunca compró un vestido de novia rodeada de un grupo que celebre con ella cuando grite con emoción: *"¡Sí, a este vestido!"*
- Nunca experimentó la alegría de que su novio la viera con deleite en sus ojos y una sonrisa en el rostro que dice *no puedo creer que pasaré el resto de mi vida contigo.*

Podría continuar, pero creo que sabes a lo que me refiero. Como hombre, esto puede que no sea de gran importancia para ti, pero créeme cuando te digo, en nombre de tu hija soltera, que ha estado imaginándose a sí misma vestida de novia desde niña. Así que no es tan fácil dejar de pensar en el tema y decir que no importa si nadie la ha escogido aún. Considero que esta es la razón por la cual muchas mujeres solteras se apresuran y se conforman con el hombre inmediato en lugar de esperar al hombre indicado porque no quieren vivir con el sentimiento constante de soledad y de rechazo, lo cual hace que busquen desesperadamente llenar ese agujero en su corazón.

Papá, aquí es donde entras a escena. Aquí te ofrezco el antídoto para un corazón roto a este nivel.

¿Qué pasaría si cada padre en América se volviera al corazón de su hija soltera para que aún sin una boda en la que se celebre su valor y belleza, se sienta amada y apreciada todos los días de su vida? Estoy segura de que esto pondría en marcha un poderoso efecto dominó porque esta generación de mujeres entonces tendría su tanque de amor lleno gracias a sus padres, *impidiéndoles así buscar amor en los lugares equivocados* para llenar ese vacío.

Esto me lleva a preguntar: ¿Cómo un padre puede hacerle saber a su hija que es encantadora y valiosa sin importar cual sea su estado civil?

Las siguientes preguntas te ayudarán a responder esa pregunta porque tu hija te dará un mapa hacia los anhelos más profundos de su corazón.

Esta sección de preguntas está diseñada para que tu hija soltera pueda expresar con honestidad lo que guarda muy dentro de ella, desde mentiras que ella ve como verdad, hasta el sueño que está más allá de un vestido, el novio y la boda. Así es como le enseñarás a decirle sí a algo más que solo el vestido.

Créeme cuando te digo que a medida que tu hija se abra contigo en cuanto el tema de la soltería, especialmente al escucharte a ti darle afirmación, esto hará un progreso significativo hacia sanar y fortalecer su corazón.

Podrías abordar el tema de la siguiente manera: "Hola, hija. Sé que estar soltera no siempre es fácil. Quiero comprender mejor lo que significa para ti el tener cierto estado civil y lo que anhelas con todo tu corazón. Si estás dispuesta a hablar conmigo de este tema, me gustaría mucho. ¿Qué dices?"

1. Aunque creas que ya te haya escuchado hablar de esto, me gustaría escuchar ¿cómo te sientes siendo soltera en este momento de tu vida?

2. Cuando eras más joven, ¿Qué edad te parecía la ideal para estar casada?

3. Me gustaría saber tus pensamientos y lo que sueñas en cuanto a tu vida romántica/o tu boda.

4. ¿Qué es lo más difícil de ser soltera en estos días?

5. ¿Hay algún aspecto positivo en cuanto a estar soltera en esta etapa de tu vida, como flexibilidad y libertad?

6. *Si aplica:* Has escuchado la frase *"siempre una dama, nunca la novia"* cuando has participado como dama, ¿cuál ha sido tu experiencia apoyando a tu amiga en su boda? ¿Has deseado estar en su lugar?

7. He escuchado que aun con las ventajas que tiene la soltería, las personas solteras pueden llegar a sentirse muy solas. ¿En qué momentos te sientes sola?

8. ¿Hay actividades que resultan en que ese sentimiento de soledad sea mayor? Como leer novelas de romance, ver películas románticas, o programas de televisión enfocados en citas románticas.

9. ¿Conoces mujeres solteras y ejemplares? Si tu respuesta es sí, ¿Qué cualidades tiene su vida o estilo de vida que te hace admirarla?

10. Ninguno sabe lo que está a la vuelta de la esquina, así que podrías conocer a tu futuro esposo en cualquier momento. ¿Estas listas para esa fase o te gustaría lograr algo más en tu vida antes de casarte? Si tu respuesta es sí, ¿Qué te detiene de perseguir esas metas?

11. ¿Hay alguna manera en que pueda apoyarte y ser más sensible a tus necesidades como mujer soltera?

[Termina con lo siguiente: "Muchas mujeres creen que no son suficiente a menos que un chico las elija y le anuncie al mundo que tienen valor, así que no quiero

dejar que este día se termine sin afirmar y decirte cuanto te amo. Esto es lo que veo cuando te veo, mi valiosa y hermosa hija . . ."*]*

CITA PADRE E HIJA #21:
Diez cosas que quiero lograr en mi vida

A menudo, es sencillo saber cuándo un padre está involucrado en la vida de su hija porque ella sabe y cree que el cielo es el límite. Ayudar a tu hija a pensar más allá del hoy, más allá del aquí y el ahora, es un regalo que le llevará a considerar posibilidades más grandes en los meses y años por venir.

Déjame ilustrarlo, si has escuchado acerca de la activista y la ganadora más joven del Premio Nobel de la Paz, Malala Yousafzai[7], sin duda has sido testigo de su fortaleza gentil y sabiduría más allá de su edad. Creo que su padre ha tenido mucho que ver con esto. En su libro: *I Am Malala: How One Girl Stood Up for Education and Changed the World*, Malala cuenta que fue en su casa donde le enseñaron a defender eso en lo que ella cree.

LA HISTORIA DE ZIAUDDIN

El padre de Malala, Ziauddin Yousafzai, escribió un libro que se llama Let Her Fly, en el que describe su experiencia criando a una joven mujer tan extraordinaria. En este libro lanza un reto específico a todos los padres a invertir en sus hijas si quieren verlas convertirse en mujeres valientes, preparadas y equilibradas. Con humildad, Ziauddin dice, "*soy uno de los pocos padres a los cuales sus hijas conocen en verdad y me enorgullezco de eso . . . Gracias a mi hija, he aprendido lo que es la resiliencia.*"

Aunque en su país, Pakistán, no se acostumbra a celebrar el nacimiento de una niña, desde el momento en que Malala nació, este padre eligió con valentía desafiar la norma animando a su hija a ir tras su pasión. *"En muchas sociedades patriarcales, a los padres se les conoce gracias a sus hijos varones, pero no es mi caso. No me pregunten qué hice. Pregúntenme que no hice. No le corté las alas. Toda chica en este mundo tiene el derecho de volar."*

Si estás listo para exhortar a tu hija a volar más alto y soñar más allá de lo que ella misma cree posible, ¡te gustará este ejercicio!

Haz una lluvia de ideas con tu hija e invítala a escribir una lista de diez cosas que quisiera lograr, esto le dará una visión más clara del futuro y hará que se incremente su potencial para soñar en grande. Luego, utiliza esto como una guía de oración y pídele a Dios que le enseñe a vivir más allá de sus límites naturales a medida que revele Su llamado sobrenatural sobre la vida de tu hija.

Hazle saber que no hay ideas tontas, equivocadas, malas o insignificantes. Y no hagas de menos lo que ella te diga, aunque te parezca difícil de creer o potencialmente imposible, porque se resolverá con el tiempo a medida que la apoyes en el camino.

Este es un excelente adjunto a la conversación que tuvieron en su Cita Padre e Hija #5, donde te dijo diez cosas escandalosas que ella hubiese querido tener el valor de hacer. Esta vez, se estará enfocando más en el futuro, lo cual es una manera más simple de decir que la estarás asistiendo en establecer sus metas.

Papá, para más puntos, puedes crear tu propia lista de diez cosas que quieres hacer en la vida, y compártelas con tu hija.

1. _____
2. _____

3. _____

4. _____

5. _____

6. _____

7. _____

8. _____

9. _____

10. _____

❝CITA PADRE E HIJA #22:
Preguntas acerca de cómo cerrar la brecha de los sueños

En los últimos años, ha surgido un término que cambió mi mundo por completo, y quiero mencionarlo porque tiene una relación fuerte con tu hija. Es Dream Gap (La brecha de los sueños).

QUÉ ES DREAM GAP (BRECHA DE LOS SUEÑOS)

En el 2017, investigadores de NYU, Princeton y la Universidad de Illinois, colaboraron para presentar el resultado de estudios revolucionarios, indicando que a los cinco años, las niñas dejan de soñar y de creer que son capaces de ser lo que desean ser o lograr lo que se propongan lograr. Los niños varones, por lo contrario, no experimentan lo mismo.

Adicional a esto, las niñas a los seis años dejan de asociar la brillantez con su género y comienzan a evadir actividades que requieran lo que ellas perciben como niveles altos de inteligencia. Como si fuera poco, cuando estos estereotipos de género en cuanto a la falta de habilidad intelectual en las mujeres se enraízan a una edad temprana, se cree que llegan a tener un impacto negativo en sus intereses, decisiones y carrera profesional durante toda la vida.

En otras palabras, cuando las niñas no quieren involucrarse en ciertas empresas, las cuales ellas consideran ser aptas para quienes son "muy inteligentes," tienden a evadir actividades en las que pudieron haber florecido si tan solo lo hubiesen intentado. Estas convicciones restrictivas bloquean a niñas y mujeres el ir tras sus aspiraciones, lo cual, según los investigadores está correlacionado con el hecho de que las mujeres sean escasas en campos que valoran la genialidad, como filosofía o física.[8]

En respuesta a este estudio, Mattel Toys lanzó una campaña a nivel mundial en octubre del 2018 llamada the Dream Gap Project[9] (El proyecto Brecha de los Sueños), en el que su fin es cerrar la brecha que se interpone entre las niñas y su máximo potencial, por medio de crear conciencia acerca de los sesgos de género y estereotipos que les son impuestos a temprana edad, reforzados primordialmente por los medios y los mensajes sutiles por parte de los adultos. De este modo, logran exhortar a las niñas a ir en contra de los pensamientos que las limitan y soñar más hasta alcanzar las estrellas.

Papá, eres vital en lo que tu hija cree acerca de su potencial de avanzar y hacer lo necesario para que sus sueños se hagan realidad, por eso, es momento de abordarla en esta conversación para que pueda ser intencional en soñar a lo grande.

1. Acabo de escuchar el término "dream gap" (la brecha de los sueños) para describir la manera en que las niñas, a la edad de cinco años, dejan de soñar y dejan de creer que pueden ser lo que quieran ser o lograr aquello que se proponen lograr. No solo eso, pero a los seis años, ya creen que no son tan inteligentes como los varones. Si ves hacia atrás en tu vida, en lo que acabo de decir, ¿hay algo que describa tu experiencia?

2. ¿Querías ser o lograr algo cuando tenías esas edades, cinco o seis, y a lo largo de tu vida decidiste descartarlo de alguna forma?

3. ¿Recuerdas *no* haber hecho algo porque no te sentías lo suficientemente inteligente en comparación con los varones o incluso otras niñas?

4. ¿Alguna vez consideraste a otra niña o niño más inteligentes que tú, sintiendo que no estabas al mismo nivel?

5. ¿Qué criterio has utilizado para medir si eres o no lo suficientemente inteligente para lograr algo?

6. Los sueños mejoran cuando pensamos fuera de la caja y en maneras que nos requieren explorar por nuestra propia cuenta. ¿Te has convencido de no ir tras ciertos sueños o ideas?

7. Dicen que cuando las niñas y las mujeres tienen convicciones limitantes, sabotean sus propios sueños. ¿Cuáles son algunas de las convicciones negativas que tienes y que te han privado de soñar aún más?

8. ¿Alguna vez te has desanimado de alcanzar tus sueños? Por favor se honesta conmigo.

9. Quiero ayudarte a cerrar la brecha de los sueños estando presente en la brecha contigo. ¿Cómo puedo apoyar tus sueños y celebrar tu imaginación y creatividad en maneras que te estimulen a ser todo lo que quieres ser y a lograr todo lo que quieres lograr, aunque parezca imposible?

CITA PADRE E HIJA #23:
Preguntas acerca de cómo generar cambio en el mundo

Déjame contarte un secreto: *¡Quiero cambiar el mundo!* Y aunque siempre lo quise hacer, por años no supe cómo llegar a lograrlo. Si, me ha tomado mucho tiempo descubrir mi propósito específico, pero lo bueno es que ahora puedo decir con certeza que quiero dejar el legado de equipar padres a que busquen el corazón de sus hijas intencional y consistentemente, y que como resultado exista una cultura de mujeres sanas y empoderadas quienes amen sin temor, den apasionadamente y lideren con compasión y fortaleza.

Ahora comprendo que la razón por la cual no estaba muy claro para mí el cómo cambiar el mundo, era porque yo misma no sabía cómo expresar mi propósito, pasión y llamado. Pero después de intentar cosas nuevas, ir por caminos sin sentido, después de tomar riesgos y fallar muchas veces, mientras también enfrentaba mis temores más fuertes, finalmente llegué a un lugar en el que mi disposición y el llamado de Dios se alinearon.

Lo que necesitaba en este proceso largo y laborioso, era ánimo para aguantar a pesar de los desafíos y atrasos. Papá, eso es exactamente lo que tu hija necesita de ti. Y porque me encanta resaltar historias acerca de padres que saben guiar a sus hijas en una dirección en la que puedan usar sus dones y talentos; aquí hay una que, sin duda, te servirá de inspiración.

LA HISTORIA DE LA DRA. LORI

Si has conocido a mi amiga, la Dra. Lori Salierno-Maldonado, a quien conocí en la escuela secundaria, estarías de acuerdo conmigo cuando te digo que tiene más pasión en la punta de su dedo meñique que la que muchos de nosotros quizá tenemos en todo el cuerpo. Ella es autora, se dedica a dar charlas internacionales, es influencer, y CEO de Teach One to Lead One, una organización sin fines de lucro, para el desarrollo juvenil progresista.

Lori dice que su papá ha sido su mayor apoyo y su mentor a lo largo de su vida, y desde que era una niña, él hallaba maneras de dirigirla, equiparla y defender su "energía luchadora." Ella fácilmente admite que muchas veces fue la razón de frustración en la vida de su papá, especialmente durante su adolescencia, afirmando "desde el principio, mi padre me dijo que Dios me hizo justo como soy. Así que nunca sería algo negativo, sino, una bendición, algo positivo."

Su padre, Gerald, murió hace algunos años. Cuando le pregunté a Lori lo que fue para ella perder al hombre que siempre fue su máximo apoyo, ella respondió, "Al final de su vida, en una de las últimas conversaciones que tuve con él antes de que partiera al cielo, me dijo, 'sé que no he sido perfecto y hubo ocasiones en que te causé frustración, pero quiero que sepas que hice todo a mi alcance para que pudieses conocer a Dios. Quería que supieras que podrías convertirte en la mejor versión de ti misma. Lori, lo he visto con mis propios ojos, cómo Dios te ha usado para Su Gloria.'"

¡Increíble! Qué palabras tan impactantes y llenas de vida las que este padre le dio a su hija antes de morir. Puedo solo imaginarme lo que puede sentir el al animar a su hija desde el cielo. **Papá, siempre recuerda que tus palabras se quedarán con tu hija incluso después de tu partida. Haz que valgan la pena, porque son duraderas.**

Te presento diez preguntas para ayudarte a encender la llama de aquello que genuinamente apasiona a tu hija, aun en temporadas de la vida en que resulte difícil ver el lado positivo de las cosas.

1. ¿Cómo defines el término *"Capaz de cambiar el mundo"*, y cómo crees que te puede describir ahora o en un futuro?

2. Cuando tenías alrededor de cinco años, ¿Qué querías ser cuando fueras grande?

3. ¿Aún puedes imaginarte haciendo eso ahora, o consideras que tus ideas han cambiado?

4. ¿Cuáles consideras que son tus tres dones y fortalezas mayores? [Papá, este es un buen momento para decirle lo que, para ti, son sus fortalezas.]

5. Si el cielo es el límite, el dinero no fuese un problema, el tiempo fuese irrelevante, y todo fuese posible ¿Qué te imaginas haciendo con tu vida?

6. ¿Qué temores tienes al pensar en esas cosas? ¿O el miedo no es un obstáculo para ti cuando se trata de seguir tus sueños?

7. ¿Qué se interpone entre ti y alcanzar tus metas más grandes y tus sueños más profundos para hacer un impacto en este mundo y cambiarlo para bien?

8. ¿Conoces a alguien que haga lo que tú quieres hacer que pueda servir como un modelo a seguir para ti?

9. ¿Consideras que yo, de alguna manera estoy bloqueando el camino para que puedas ir tras tus sueños? ¿Hay algún área en la que no estoy apoyándote lo suficiente?

10. ¿Cómo puedo ser de ayuda para que puedas alcanzar las estrellas, soñar aún más alto y así tener un impacto positivo y cambiar el mundo a tu alrededor? Déjame preguntarlo de otra forma: ¿De qué manera puedo ser mejor animándote a vivir en sintonía con tu corazón yendo tras lo que te apasiona para que el mundo se vea impactado por el regalo tan grande que eres *tú*?

❝❝ CITA PADRE E HIJA #24:

Preguntas acerca de cómo hacer trabajo voluntario juntos: Juntos por las Calles

Nunca olvidaré el día en que un padre me pidió un consejo práctico para lograr que su hija deje de pensar en sí misma solamente.

Le sugerí que la animara a hacer trabajo voluntario para poder enfocarse en las necesidades de otros y no solo las de ella, considero que eso sería más poderoso que cualquier sermón acerca de la importancia de compartir con otros. A él le encantó la idea … *al principio*. Pero cuando insistí más aún y lo invité a unirse a la experiencia, inmediatamente mostró resistencia y me sorprendió con la siguiente respuesta: *"Eso nunca sucederá, no es lo mío."*

No estoy segura de lo que él estaba pasando en su vida, pero me pareció que quería ver un cambio en su hija sin él estar dispuesto a cambiar. Me pregunté entonces si el desinterés de la hija, en las necesidades de los demás estaba siendo modelado por el propio padre.

Si tu hija está en una etapa en la que parece estar más enfocada en sí misma que en otros, permíteme citar al famoso Dr. Seuss para que puedas compartirlo con ella: "A menos que alguien como tú se interese de verdad, nada va a mejorar jamás."[10] Esta idea me lleva a considerar que el antídoto para ciertas cosas, es simplemente una buena dosis de servicio a otros para demostrar que nosotros si nos interesamos de verdad. Si ese es el remedio, ¿no te gustaría acompañar a tu hija en activarlo? ¡Claro que sí!

Para ayudar a que tu hija quite sus ojos de sí misma y pueda ver las necesidades del mundo a su alrededor, sugiero que hagan trabajo voluntario juntos, que ambos den sacrificialmente.

Te comparto la historia de un padre que lo hizo, inspirándonos a mí y a mi padre a hacer lo mismo.

HISTORIA POR LA DRA. MICHELLE

Me encantaba el programa de televisión *Secret Millionaire*, en el que personas con recursos financieros iban encubiertos a examinar y satisfacer las necesidades de otros. Me impactó una historia en particular, en la que un padre invitó a su hija de diecinueve años a ir junto con él a marcar una diferencia en un pueblo muy pobre de New Jersey donde él creció.[11]

Al final, este padre describió la experiencia como "el mejor momento que pasó con su hija" agregó que no solo "sintió que nació de nuevo" sino que "sus prioridades cambiaron también." Su hija adolescente, expresó un sentimiento similar, dijo que "comprendió el valor del dinero y ahora se siente más cerca de su padre."

Cuando vi este episodio en específico, una luz se encendió en mí, dándome el impulso de agregar un componente de voluntariado al currículum de The Abba Project (Proyecto Abba). Adicionalmente, resucité el concepto de hacer trabajo voluntario con mi papá como constantemente lo hacía al crecer.

Sabiendo que mi padre diría que sí y porque sé que le gusta construir y reparar cosas, le pedí que pasáramos un día juntos en Habitat for Humanity. Fue una oportunidad para salir de mi zona de confort y crear un vínculo con mi papá mientras me daba nuevas herramientas en áreas en las que él tiene experiencia y yo no. Y aunque participé en muchas otras experiencias de trabajo voluntario a largo plazo, me encantó ese día con mi padre que creó un recuerdo que durará por siempre en cada uno de nosotros.

Papá, si te unes a tu hija en una aventura como esta, no solo estrechará los lazos entre ustedes dos, sino que los dos verán el mundo a través de otros ojos. Y si acaso ya están trabajando en un proyecto de servicio juntos, te animo a intentar algo diferente, solo por diversión.

No todos los proyectos de servicio requieren de un compromiso a largo plazo. Si quieres una oportunidad de voluntariado temporal, puedes escribir "oportunidad de trabajo voluntario de un día u oportunidad de trabajo voluntario a corto plazo en Google con el nombre de tu ciudad y encontrarás opciones. Por ejemplo, servir en una misión para personas sin hogar (un refugio o banco de comida); visitar un asilo de ancianos (preguntar si a alguno de los residentes les haría bien una visita); limpiar la playa; servicio voluntario en un bosque (con USDA); o participar en un programa de servicio a la comunidad con tu iglesia.

Te comparto una manera de abordar el tema con tu hija: "Hola, hija. Me gustaría explorar una oportunidad de hacer trabajo voluntario para que podamos hacerlo juntos y lograr una diferencia en nuestra comunidad. ¿Estarías dispuesta a hablar acerca del tema y proponer una idea que nos interese a los dos?"

1. Si tú y yo fuésemos a hacer trabajo voluntario juntos, ¿Qué podríamos hacer que sea interesante para ti?

2. ¿Qué te interesa más? ¿Dar a las personas, animales, estructuras o el medio ambiente?

3. ¿Tienes amigos que han hecho trabajo voluntario? Si tu respuesta es sí, ¿Qué tipo de trabajo han hecho y cuál ha sido su experiencia?

4. Estas son algunas de las cosas que he hecho para dar a mi comunidad y esto es lo que significa para mí . . .

5. ¿Consideras que será difícil, extraño, o incómodo el que tú y yo hagamos trabajo voluntario juntos?

6. ¿Qué impacto positivo crees que tendrá en nuestra relación y en la comunidad el unirnos para marcar una diferencia?

10. ENSÉÑALE A VER

En esta sección de guiones, tu meta es llevar a tu hija a un nivel de autoevaluación más profunda en cuanto a su relación con ella misma y sus relaciones con otros.

Algunos de los temas en esta sección quizá sean difíciles de tocar, tanto para ti como para tu hija. Es entendible y absolutamente normal sentirse nerviosos e incómodos al caminar por terreno desconocido. Te invito a ser honesto con tu hija acerca de la potencial incomodidad porque si tú eres vulnerable admitiendo lo que sientes o piensas, será de inspiración para ella a serlo también.

Porque *el coraje no es la ausencia del miedo, sino el avanzar a pesar del miedo,* entonces estas conversaciones, por medio de un proceso interactivo de una valiente exploración interna, resultará en muchas posibilidades de crecimiento para ambos. Y si alguna de estas conversaciones revela heridas profundas en tu hija, considera la idea de llamar a un consejero profesional que pueda ayudar a comenzar el proceso de sanidad.

Y ahora que la base entre ustedes dos ha llegado a este punto, estás listo para abarcar temas con más peso y poner a prueba la fortaleza de su relación. Este mismo principio aplica a proyectos caseros que incluyan colocar clavos en una tabla o hacer fusión de metales, en los que solamente hay una manera de comprobar la fuerza de la unión y es por medio de presión.

En cuanto a tu hija, esto se traduce en hacer preguntas de sondeo, lo cual le da a ella la oportunidad de pensar, examinar, dudar, cuestionar, preguntarse, investigar, desafiar y exigirse más allá de los límites regulares de autoevaluación.

Para decirlo claramente: *Si tu no exploras estos temas junto con ella, entonces cualquier otra voz tendrá influencia sobre su vida, excepto la tuya.* Y porque generalmente las voces más fuertes son las que ganan, ahogando hasta la propia voz de tu hija, es de vital importancia que tu perspectiva sea clara, consistente, constructiva y celebratoria.

Tu hija necesita que tú la invites a ser muy honesta consigo misma (y contigo), y al mismo tiempo, con ánimo para admitir debilidad y confusión. También necesitará una dosis extra de apoyo a medida que camines con ella por medio del desordenado y hermoso proceso de admitir lo que en realidad sucede en su corazón, y ella podrá hacerlo si y sólo si sabe que es amada y aceptada sin importar lo que revele.

Papá, este es tu momento para brillar. Mejor aún, esta es la oportunidad de tu hija para brillar al embarcarse junto contigo en este proceso de explorar las profundidades conocidas y no conocidas en sí misma.

Recuerda, las chicas y las mujeres procesan hablando. Así que le estas dando a tu hija un regalo extraordinario cuando te tomas el tiempo y lo inviertes en escucharla con atención.

¡Que comience la siguiente ronda de conversación!

❝❝CITA PADRE E HIJA #25:
Preguntas que le ayuden a ella a encontrar su voz

Muchos padres me han dicho que quieren que sus hijas crezcan con mucha confianza en sí mismas, mujeres sanas con valores morales, convicciones y creencias firmes. Sin embargo, muchas veces estos mismos padres no animan a sus hijas a usar sus voces, a ser asertivas a menos que sus respuestas estén de acuerdo con lo que su padre respalda.

Y como mi meta es darte las herramientas para apoyar a tu hija en encontrar su voz, aquí te ofrezco una verdad a considerar: *No puedes decirle que quieres que utilice su voz en el mundo si no estás dispuesto a dejar que la descubra, que practique utilizarla y afinarla en casa.*

Se que es mucho trabajo lo siguiente:

- Escuchar aun cuando tienes poco o nada de margen al final de tu día,
- Mantente en calma cuando ella se muestre irrespetuosa, desafiante o "asertiva,"
- Mantén la atención cuando su intensidad emocional parezca estar en una montaña rusa.

Pero si quieres criar una hija fuerte y empoderada, debes, con gentileza y respeto, involucrarte e interactuar con ella a medida que aprenda a usar esa increíble voz que lleva dentro. En su libro *Dads and Daughters*, Joe Kelly dice:

> Las chicas son como un acertijo para sus padres. Como cualquier misterio, la relación con nuestras hijas puede ser aterradora, emocionante, entretenida, enriquecedora o puede dejarnos completamente en la oscuridad; muchas veces lo es todo al mismo tiempo. Si queremos resolver el misterio, debemos poner atención y escuchar, aun en los momentos más ordinarios . . . ¿Por qué? Porque la voz de una chica puede ser un recurso muy valioso y al mismo tiempo puede verse amenazado fácilmente. Su voz es el conducto del corazón, cerebro y espíritu. Cuando habla con valentía y claridad, literal y metafóricamente hablando, se siente más segura y protegida.[1]

Papá, no puedo subrayar lo intensamente vital que es ayudar a cuidar el don de la expresión verbal en tu hija. Invitándole a ser parte de este proceso de responder preguntas, obtendrá más claridad porque aprenderá a ponerle palabras a lo que tiene dentro, desde sus miedos y sentimientos hasta sus preguntas y escrúpulos, dudas y dilemas.

Esta lista de preguntas te equipará para validar a tu hija asegurándole que su voz es valiosa porque la estás animando a utilizarla en compañía tuya. Le darás la oportunidad de retroalimentarte también, así que, si escuchas *sin tomar una postura defensiva*, **estás creando un lugar seguro para que ella utilice su voz contigo.**

1. ¿Qué recuerdos tienes de haberte expresado cuando estabas en la escuela preescolar? ¿Eras comunicativa o eras callada y menos inclinada a expresar lo que sentías?

2. ¿Dirías que eres más o menos abierta a compartir tus opiniones y pensamientos ahora en comparación con esa etapa de tu vida?

3. La Dra. Michelle dice que las chicas muchas veces pierden la confianza en sí mismas porque ciertas personas populares definen el estándar de lo que es aceptable. Entonces todos las siguen, aunque no estén de acuerdo. ¿Has logrado "mantenerte firme" en cuanto a expresar tus opiniones, especialmente cuando estás con los chicos populares [En la escuela, actividades deportivas, en el grupo de jóvenes, o en el trabajo]?

4. ¿Te sientes más confiada de utilizar tu voz en presencia de chicos o en presencia de chicas? ¿Por qué consideras que es así?

5. ¿Estás dispuesta a no estar de acuerdo con las voces más ruidosas y seguras entre tus amistades?

6. ¿Te gusta la manera en que te expresas con tus amigos, o te gustaría ser más valiente y honesta?

7. ¿En qué situaciones te es más difícil utilizar tu voz? Por ejemplo, expresar tus opiniones, pensamientos, sentimientos, preferencias, convicciones, etc.

8. ¿En qué momentos te es más fácil utilizar tu voz?

9. ¿Cómo te sientes utilizando tu voz en casa, particularmente cuando estás cerca de mí?

10. ¿Consideras que yo hago algo que te apaga o te hace sentir menos confiada de compartir tus pensamientos y sentimientos conmigo?

11. ¿Hay algún lugar en el que te gustaría comenzar a utilizar más tu voz (incluso puede ser conmigo), y hay algún tema acerca del cual te gustaría ser más clara y honesta?

12. ¿Cómo puedo apoyarte para que sientas más confianza de expresarte cuando estás conmigo o alrededor de otras personas?

❝❝ CITA PADRE E HIJA #26:
Preguntas que tengan que ver con levantarse de nuevo, permanecer fuerte y permanecer sola

No importa la edad que tenga tu hija, es muy probable que esté lidiando con presión de grupo. Y dependiendo de su posición en el orden jerárquico, su habilidad de permanecer fuerte y sola se ve afectada por la misma (no importa si su posición le ha sido comunicada directamente o si es algo que ella determinó en su cabeza).

Muchos investigadores señalan que la seguridad y confianza de una niña llega a su máximo punto a los nueve años, y dos mujeres lo confirman en el libro *The Confidence Code For Girls: Taking Risks, Messing Up, and Becoming Your Amazingly Imperfect, Totally Powerful Self.*

El estudio reveló que es más sencillo hacer amigos para niñas menores de doce años, es también más sencillo tener confianza en sí mismas y no les importa realmente lo que otros piensen de ellas. Pero en algún lugar después de esto, pierden el camino.[2]

Aquí es donde las niñas y las mujeres necesitan el apoyo de sus papás para no perderse en medio de la multitud.

LA HISTORIA DE COURTNEY

Estaba recientemente en una sesión de consejería con Courtney, una mujer de veintiséis años, quien derramaba lágrimas por un grupo de mujeres en su trabajo quienes a propósito la excluían de planes fuera del horario de oficina. Atormentada pensaba en qué habría hecho mal para ser objeto de tal rechazo.

> Su padre, Greg, nos acompañó en esa sesión, y pudimos educarlo juntas acerca de este tipo de dinámicas críticas que es muy común experimentar como mujeres. Y aunque él no pudo hacer nada para cambiar o arreglar la situación de su hija, el hecho de que a él le importara lo suficiente como para escuchar a Courtney expresar lo que sentía, permitió que ella terminara la sesión sintiendo un cambio positivo porque su padre se supo acercar, fortaleciendo así la unidad entre ambos.

La realidad es que la dinámica de jerarquías de este tipo, no son muy comunes en el mundo de los hombres. Esta es la razón por la cual muchos de ustedes no llegan a comprender cuánto sus hijas se ven afectadas por el tal orden jerárquico. Como resultado, puede que te frustres porque consideras que tus hijas se complican por nada. Pero soy testigo de la realidad de estas dinámicas interpersonales tan desagradables y confusas. Quiero que sepas que son reales y generalmente son imposibles de navegar porque no existe un mapa para el laberinto.

Y como todas tenemos un deseo dado por Dios de encajar y permanecer, cuando una niña o mujer no es aceptada por su grupo de compañeras o conocidas, comienza a dudar de sí misma porque esta situación le resta a su autoestima y la desgasta. Rara vez, ella le atribuye este rechazo a "un problema ajeno", en cambio se vuelve en contra de sí misma en medio de tanto desorden.

Por eso es tan importante que extiendas solidaridad hacia tu hija y que al mismo tiempo le animes a defenderse y a defender aquello en lo que cree, a permanecer y ser genuinamente ella, con la valentía de hacerlo sola aun cuando nadie más esté con ella.

Las siguientes preguntas están enfocadas en apoyar a tu hija a ser auténticamente ella, permaneciendo fuerte y dispuesta a hacerlo sola, aunque le lleve a experimentar rechazo o a ser excluida.

Ella te necesita, papá, para apoyarla y validarla en esta búsqueda, que es la base en la cual se desarrollará esta conversación a medida que le ayudes a mantener estos conceptos valiosos.

Esta es una manera de abordar el tema con ella: "Hola, hija. Sé que no siempre es fácil permanecer sola. Me gustaría explorar este tema contigo, lo cual me ayudará a comprenderte mejor y saber cómo apoyarte para que puedas defender tu identidad con fortaleza. ¿Qué piensas?"

1. ¿El defender tus convicciones, permanecer sola y ser asertiva es algo que tus amigas respetan y admiran o es algo que critican?

2. ¿Alguna vez has defendido algo que creíste que tus amigas te criticarán o se volverían en tu contra por?, ¿Lo hicieron?

3. ¿Fue más sencillo permanecer fuerte o sola cuando eras joven, o dirías que ha sido relativamente igual a lo largo de tu vida?

4. ¿Por qué crees que es tan difícil para las personas el apoyar a quienes defienden sus convicciones, a quienes destacan o permanecen solos sin mezclarse con la multitud?

5. He escuchado un concepto llamado *groupthink* (pensamiento de grupo), en que las personas que forman un grupo determinado dejan de pensar por sí mismos porque el deseo de ser aceptados y de encajar los lleva a retraerse si el grupo no aprueba su perspectiva. ¿Has visto el pensamiento de grupo en tu círculo de amigos, y si lo has visto, cómo se ve? [Papá, este es un buen momento para compartir cómo tú has sido influenciado también por el pensamiento de grupo.]

6. ¿Alguna vez has sucumbido a la presión de grupo, aunque vaya en contra de tus valores y convicciones? Si es así, ¿Cómo te sentiste en el momento y después de la experiencia? Si no es así, ¿Qué te detuvo?

7. ¿En qué momento es más difícil para ti defender tus convicciones, permanecer fuerte o sola?
8. ¿Luchas más o menos en función de si estás interactuando con chicos o chicas?
9. ¿En qué momento es más sencillo para ti el defender tus convicciones, permanecer fuerte o permanecer sola?
10. ¿Hay algo que estés pasando en este momento en el que quieres defender tus convicciones o poder permanecer fuerte o sola?
11. ¿Hay alguna manera en que te pueda ayudar a defender tus convicciones, permanecer fuerte o sola para que puedas ser líder, generar cambios, pensar independientemente y al mismo tiempo ser una influencia positiva para tu grupo de amigos?

𝟔𝟔CITA PADRE E HIJA #27:
Preguntas acerca del verdadero ser y el falso ser

En su libro *Telling Secrets,* Frederick Beuechner afirma, *"El yo reluciente original, es enterrado tan profundo que muchos de nosotros terminamos apenas viviendo mínimamente de él. En cambio, vivimos de todos los 'yo' que estamos constantemente poniéndonos y quitándonos como sombreros y abrigos en contra del clima del mundo"*[3]

Esta es una descripción perfecta de lo que tu hija vive regularmente, a medida que intenta descubrir quien realmente es. Ella te necesita a ti, su padre, para ayudarla a permanecer conectada a su "yo reluciente", su verdadero yo, animándola así misma a liderar, reír, amar y prosperar desde ese mismo lugar.

Comencemos por definir términos. **El yo falso es ser alguien diferente de lo que en realidad eres. El verdadero yo es ser auténtico y real que sea consistente con tus valores fundamentales.**

En *Reviving Ophelia: Saving the Selves of Adolescent Girls,* la Dra. Mary Pipher expone de manera brillante la angustia de las adolescentes resaltando lo siguiente:

> Las chicas saben que se están perdiendo a sí mismas, su plenitud es destruida por el caos de la adolescencia.

> Las chicas se fragmentan, se dividen en misteriosas contradicciones y se convierten en imitadoras femeninas quienes intentan encajar en lugares pequeños y concurridos.
>
> Chicas seguras llenas de vida, se convierten en mujeres tímidas llenas de duda. Las chicas dejan de preguntar ¿Quién soy?, ¿Qué quiero? Y comienzan a pensar ¿Cómo puedo complacer a otros? Esta brecha entre la verdadera identidad de las chicas y las percepciones culturales de lo que debe ser una mujer crea problemas muy grandes y justo cuando necesitan más ayuda, esas mismas chicas no pueden tomarse de la mano de sus papás.[4]

Las niñas fácilmente se pierden en sí mismas durante los años de preadolescencia y adolescencia.

Este es el momento intenso en el que necesitan más ayuda de tu parte, no menos. Si tú, como su padre, te alejas de ella, especialmente cuando se viene abajo emocionalmente, significa que estás asumiendo que algo está intrínsecamente mal con ella en lugar de reconocerlo como una fase normal de desarrollo.

La buena noticia es que ella aprenderá atravesando cada situación (y no huyendo de la misma) a los veinticinco años. Este es el momento en que su corteza prefrontal estará desarrollada por completo, activando así, mayor capacidad para resolver problemas de manera estratégica, tomar decisiones sabias, pensar racionalmente y con buen juicio lo cual se alinea con su verdadero yo.

Un artículo de *National Geographic* en el año 2011 acerca del cerebro adolescente planteó la siguiente pregunta, *¿Por qué los adolescentes actúan de esa manera?*[5] En respuesta, investigadores describieron que el cerebro humano sufre una *"remodelación extensiva, parecido a una red, y una renovación de cableado"* entre los doce y veinticinco años, requiriendo así de un tiempo significativo para que nuestras funciones cerebrales se activan.

Por esta razón, cuanta más paciencia tengas con tu hija durante su proceso de crecimiento, será mejor para ella *y para ti.*

Como sabrás, **estoy convencida de que tu juegas un papel vital en liderar a tu hija a descubrir y a estar bien con la ver-**

dad de quien ella en realidad es, su verdadero yo. Durante este proceso de autodescubrimiento, en el que ella aprenderá a diferenciar entre su yo verdadero y su yo falso, puede que no esté consciente de esa guerra de identidades que tiene dentro. Pero una vez sean nombradas y explicadas, será más sencillo para ella tener claridad acerca de quién es y quien quiere llegar a ser.

Las siguientes preguntas te darán las herramientas para liderar a tu hija a establecer una conexión con su verdadero yo. Una vez definido, tendrá una base para comprender también la realidad opuesta del falso yo. Esta conversación tiene el poder de inspirar a tu hija a tener una convicción firme que le recuerda que es única.

El beneficio de acompañarla en este proceso de exploración es que puedes afirmar su verdadero yo. Luego, al navegar ella por la vida fuera de tu casa, siempre tendrá tu voz en su cabeza diciéndole que tú conoces y afirmas quien es en realidad.

Esta es una manera de abordar el tema: "Hola, hija. La Dra. Michelle me introdujo a los conceptos del falso y verdadero yo, los cuales tienden a estar siempre en guerra dentro de nosotros a medida que crecemos. ¿Estarías dispuesta a hablar conmigo acerca de este tema y de cómo ha afectado tu vida?"

1. Quizá has escuchado los términos *falso yo* y *verdadero yo*, pero son nuevos para mí. ¿Cómo defines tú el *falso yo*? [Ejemplo: Falso, escondiéndose detrás de una máscara, no siendo genuino, pretendiendo ser algo más, etc.]?
2. ¿Cómo defines tú el *verdadero yo*? [Ejemplo: Auténtico, honesto, vulnerable, real, etc.]
3. ¿Cómo defines tu verdadero yo?
4. ¿Dónde y cuándo es *más sencillo* para ti el ser tu verdadero yo?
5. ¿Dónde y cuándo es *más difícil* para ti el ser tu verdadero yo?

6. ¿Qué sucede dentro de ti cuando no estás siendo tú misma? Esto puede incluir sucumbir ante la presión de grupo o responder en maneras que no están alineadas con la mejor versión de ti.

7. ¿De qué manera las redes sociales te ayudan a conectar con tu verdadero yo, o consideras que genera en ti un constante apego a tu falso yo?

8. Me gustaría tu respuesta honesta a la siguiente pregunta, lo cual es una invitación a que tu verdadero yo responda. ¿Me has visto no ser yo mismo? Si es así, ¿Qué has notado?

9. ¿Consideras que he respondido o reaccionado en maneras que te provoquen retraerte o "recurrir a tu falso yo" simplemente para lidiar conmigo? Sé honesta, realmente quiero escuchar a tu corazón.

10. ¿Puedes pensar en algunas maneras en las que pueda ayudarte a ser quién eres en realidad a medida que continúes este viaje de autodescubrimiento y lo que significa vivir una vida auténtica?

🔖CITA PADRE E HIJA #28:
Preguntas acerca de cómo vencer sus miedos

Todos tenemos temores; es parte del ser humano. Y dependiendo de la intensidad, severidad, frecuencia y duración de esos miedos y fobias, esta emoción puede llegar a ser debilitante. Pero lo bueno, es que cuando afrontamos nuestros temores, nos hacemos más fuertes en el centro de quien somos y nos levantamos por encima de lo que ha intentado esclavizarnos y dominarnos.

HISTORIA POR LA DRA. MICHELLE

Durante los primeros dos años de mi vida, pasé por una serie de procedimientos médicos. A pesar de un número extenso de exámenes durante largas estadías en el hospital, los médicos no lograron descifrar lo que estaba mal en mí. Al final, descubrieron que tenía deficiencia de hierro y anemia, que, con cambios en mi dieta, comencé a recuperar. Aunque muchas experiencias que tuve no están en mi memoria consciente, he vivido la realidad que los médicos describieron como una memoria que vive en las células de nuestros cuerpos, porque con frecuencia he reaccionado de manera negativa a diferentes estímulos sin saber por qué.

Un ejemplo es mi extremo temor a los doctores, agujas y hospitales, y aunque no recuerdo mis primeras experiencias, esos temores intensos fueron muchas veces paralizantes. A pesar de esta realidad, al terminar la universidad, me convertí en asistente dental, lo cual me obligó a afrontar mis miedos, en particular a mi temor por las agujas.

Hoy, puedo decir con entusiasmo y seguridad que me siento empoderada cuando debo pasar por algún proceso médico o dental porque no tengo miedo en absoluto (¡y vaya que he tenido práctica en la última década!). Muchas veces no puedo creer que tengo tanto valor en estas situaciones ahora, y con mucha gratitud puedo celebrar haber masterizado mis miedos pasados, lo cual es un verdadero milagro.

Papá, tienes una gran oportunidad de acompañar a tu hija, animarla a afrontar sus miedos y a levantarse por encima de ellos. Durante este proceso, descubrirá y estará feliz con ser su mejor versión, al mismo tiempo, podrá deshacerse del miedo y avanzar para convertirse en todo lo que Dios diseñó para ella. Y si quieres seguir los pasos de otro famoso experto en dar ánimo, puedes decirle a tu hija estas sabias palabras que Christopher Robin le expresó a su temeroso compañero, Winnie-The-Pooh: *"Eres* *más valiente de lo que crees, más fuerte de lo que pareces, y más inteligente de lo que piensas."*[6]

Las siguientes preguntas te darán las herramientas para ayudar a tu hija a medida que define lo que la atemoriza a fin de que pueda hacer su plan de acción y conquistar esos miedos, uno a la vez, con tu ayuda, apoyo, ánimo y compañía.

Esta es una manera de abordar el tema: "Hola, hija. Sabes, he escuchado que, al nombrar nuestros temores, ya tomamos el primer paso para lograr que pierdan su poder. Me gustaría que tuviésemos una conversación acerca de cualquier tipo de temores que tengas ahora y hacer una estrategia creativa de maneras en que podemos vencerlos juntos. Me emociona acompañarte en este proceso. ¿Te gusta la idea?"

1. ¿A qué le tienes miedo, desde temores pequeños a los más grandes, sean tareas, aventuras, personas, metas, o experiencias? [Ejemplo: A tomar exámenes, hablar en público, procedimientos médicos, interactuar con ciertas personas, la oscuridad, estar sola, manejar a ciertos lugares, etc.]

2. ¿Has logrado vencer algún temor para que no tenga más poder sobre ti? [Papá, para ayudarla a visualizarse venciendo a su propio dragón, comparte una o dos historias en las que venciste tus temores.]

3. ¿En qué momento el miedo tiende a ser más fuerte? [Ejemplo: Alguna hora del día/noche, en diversas situaciones, alrededor de ciertas personas, etc.]

4. ¿En qué parte de tu cuerpo sientes el miedo cuando lo experimentas de cerca? Piensa en lo que sentiste en tu cuerpo la última vez que tuviste miedo.

5. ¿Cuáles son tus tres temores más debilitantes?

6. Cada miedo tiene una historia de origen. ¿Recuerdas cómo comenzó cada uno de tus miedos? Si quieres compartirme alguna de estas historias, sería un honor para mí escucharlas.

7. ¿De qué manera estos tres temores interfieren en tu habilidad de vivir una vida libre y emocionante?

8. ¿Conoces a alguien o has escuchado de alguien que también tuvo que lidiar con esos temores y logró vencerlos?

9. Si pudieras vencer uno de esos miedos, ¿cuál te gustaría sanar primero?

10. ¿Cómo puedo ayudarte a enfrentar y finalmente vencer ese miedo?

11. Imaginemos cómo sería para ti el enfrentar ese miedo, luego, hablemos acerca de pasos para vencerlo. [Este proceso se llama *desensibilización sistemática*. Puedes escribir el término en Google y buscar qué significa]

12. ¿Cómo imaginas tu vida si no tuvieras ese miedo?

❝❝CITA PADRE E HIJA #29:
Preguntas acerca de la ansiedad

Cuando el temor se apodera y no suelta, algunas personas describen ese sentimiento como el de ser un rehén. Así es para quienes están atrapados en las garras de la ansiedad o para quienes viven con desorden de ansiedad. Cuando agregas pensamientos invasivos y recurrentes, el anticipar una amenaza futura, aunado a síntomas físicos llenos de angustia como un latido acelerado, sudor, náusea, mareos y temblores, puedes comprender por qué esta realidad que abarca todo lo anterior no tiene un arreglo inmediato. La solución tampoco llega después de aguantar el problema, tratar de ignorarlo o recitando versículos Bíblicos.

Sí, estas son estrategias proactivas y pueden ser de ayuda, pero generalmente no son efectivas hasta que el cuerpo se calma y llega a experimentar la paz (en otras palabras, regresa a la homeostasis/equilibrio) antes de utilizar estos recursos. Al parecer no tiene objeto tener una organización llamada the Anxiety and Depression Association of America (La Asociación para la Ansiedad y Depresión de América), la cual solo revela algo acerca del estado emocial y agobiante de nuestros queridos ciudadanos. Más específicamente, de acuerdo con la ADAA:

- Los desórdenes de ansiedad son las condiciones de salud mental más comunes en nuestro país.

- Las mujeres están doblemente propensas a verse afectadas por un desorden de ansiedad en comparación con los hombres.

- Las niñas entre 10 y 18 años están más propensas a verse afectadas por un desorden de ansiedad y se presume que puede deberse a cambios hormonales.

- Hay 4.4 millones de niños entre 3 y 17 años que han sido diagnosticados con ansiedad (de acuerdo con los Centros para el Control y la Prevención de Enfermedades [CDC].)[7]

Papá, te suplico crear un espacio seguro y compasivo para que tu hija pueda hablarte acerca de los sentimientos y pensamientos que le generan ansiedad, para que pueda poner en palabras aquello que la atormenta. Aunque estudios afirman que el cableado genético (también llamado predisposición) con frecuencia juega un papel en la ansiedad o desórdenes de ansiedad, también debes considerar el peso de la causa de estrés en tu hija, aunado a una estrategia para la solución de problemas. Aquí es donde el hablar contigo, será de gran ayuda para aliviar la ansiedad a medida que logre desahogarse y se sienta escuchada y que sus emociones tienen validez durante este proceso.

Las siguientes preguntas ofrecen una manera para que puedas oír acerca de lo que está causándole ansiedad a tu hija. El impacto que su ansiedad le cause puede variar entre una simple tontería o algo completamente paralizante. Cuando su excesiva preocupación ocurra con más frecuencia en un lapso de seis meses, debes contactar a su médico o un profesional de salud mental.

Esta es una manera de abordar el tema con ella: "Hola, hija. Sabes, he leído que los desórdenes de ansiedad son la condición más común en nuestro país, y que las mujeres son doblemente propensas a experimentarlo que los hombres. Me di cuenta de que puede manifestarse de muchas maneras, así que me gustaría escuchar acerca de cómo la ansiedad afecta tu vida. ¿Estarías dispuesta a hablar del tema conmigo?"

1. ¿Tienes amigos que luchan con la ansiedad, o sabes de alguien que ha sido diagnosticado clínicamente con desorden de ansiedad? ¿Qué impacto ha tenido sobre sus vidas?

2. ¿Qué te genera más ansiedad, cómo consideras que la ansiedad afecta tu vida?

3. ¿Qué pasa en tu cuerpo cuando te sientes ansiosa? [Puedes leer los síntomas arriba mencionados, mientras discuten acerca de las olas emocionales y cómo pueden estar relacionadas a un peligro imaginario o real, lo cual activa nuestro deseo de pelear o nos paraliza, resultando en reacciones psicológicas.]

4. ¿Qué pensamientos tienes cuando tu ansiedad es intensa? ¿Tienes pensamientos negativos acerca de ti misma, de otros, acerca del futuro o algo más?

5. La genética juega un papel en los desórdenes de ansiedad ¿tienes alguna observación acerca de cómo la ansiedad se manifiesta en otros miembros de tu familia? ¿Qué impacto tiene en tu vida esa ansiedad?

6. Cuando te sientes ansiosa, ¿hay algo que *yo* haga, que lo empeore?

7. Cuando te sientes ansiosa, ¿hay algo que *tú* haces, que lo empeore? [Ejemplo: Dormir más/menos, acudir a las redes sociales y compararte con los demás, llamar o enviar mensajes de texto a ciertos amigos, consumir más cafeína, comer más/menos, etc.]

8. Cuando te sientas muy ansiosa, ¿Qué puedo hacer para ayudarte a superarlo?

𝟔𝟔CITA PADRE E HIJA #30:
Preguntas acerca de la depresión

Más de lo que quizá puedas contar, has escuchado a tu hija exasperada y exclamando la siguiente oración: *"Estoy tan deprimida."* Como ya todos lo sabemos, cuando nos encontramos abrumados con las situaciones estresantes de la vida, es normal experimentar sentimientos que nos lleven a un desequilibrio emocional. Pero cuando la intensidad de estos se queda ahí por meses, incluso años, ya no está dentro de los límites regulares y es necesario tratarlos.

Este es el enfoque de esta sección, hablar acerca de la depresión cuando el peso no se va. Aquí es donde es sabio consultar a un experto en salud mental, porque si se ignora a medida que los síntomas se intensifiquen, la preocupación más significativa en un caso de depresión es el suicidio. Para darte contexto acerca de este problema, veamos lo que dice la CDC con ADAA:

- 1.9 millones de niños entre 3 y 17 años y 2.8 millones de adolescentes entre 12 y 17 años han sido diagnosticados con depresión en América.

- 3 de 4 niños con depresión, sufren de ansiedad (73.8%)

- Las mujeres son doblemente propensas a verse afectadas por depresión en comparación con los hombres.

- Un desorden mayor depresivo afecta a aproximadamente 17.3 millones de adultos americanos de 18 años en adelante en un año (según el Instituto Nacional de la Salud Mental).[8]

¿Cómo saber si tu hija está clínicamente deprimida? La siguiente lista te puede dar información general, de manera que te convendría consultar con un profesional de la salud mental para un diagnóstico exacto que confirme si tu hija lucha con depresión. Asegúrate de buscar estas cosas en grupos, no individualmente, porque el nivel de severidad y período de tiempo en que los síntomas se presentan varía de acuerdo con los tipos de diagnósticos de depresión.

1. Humor triste o vacío.
2. Pérdida de interés o placer en actividades que alguna vez disfrutó.
3. Alejamiento y más aislamiento.
4. Sentimientos de inutilidad o desesperanza.
5. Cambios en sus hábitos de sueño (insomnio o dormir de más).
6. Cambios en su apetito (comer más/menos; subir o bajar de peso).
7. Aumento en el uso de sustancias o comportamientos que la lleven a autolesionarse.
8. Fatiga o pérdida de energía.
9. Irritabilidad o inquietud constante.
10. Problemas para concentrarse, recordar detalles o tomar decisiones.
11. Enojos más allá de lo usual (muchas veces la depresión se expresa con enojo).
12. Pensamientos frecuentes suicidas o de muerte—o un intento de suicidio.

Buscando validar las experiencias de tu hija, quizá puedes considerar mencionarle que hasta el profeta Elías estaba deprimido y era suicida. Dijo: *"Basta ya, oh, Jehová. . . quítame la vida."* Después se acostó a dormir, seguido de un Ángel que le dijo que "se levantara y comiera" (1 Reyes 19:4-5). El hecho de que Dios incluyese esta historia en La Biblia acerca de un hombre de Dios, deprimido y suicida, confirma la realidad de que esto nos puede suceder a cualquiera de nosotros, sin importar nuestra madurez espiritual. Adicionalmente, esta historia subraya que cuando estamos agotados, es bueno comenzar por asegurarnos de haber dormido y comido.

Las siguientes preguntas te ayudarán a navegar aguas más profundas con tu hija dependiendo de si ella te confía esos sentimientos depresivos y pensamientos de desesperanza.

Esta es una manera de abordar el tema con ella: "Hola, hija. Sabes, he leído que, así como la ansiedad, la depresión es doble-

mente más común en mujeres que en hombres. Sé que puede ser difícil para ti hablar acerca de la depresión y de cómo afecta tu vida, pero me gustaría escuchar más acerca del tema, si tu estas dispuesta a compartirme tus pensamientos, sentimientos e historias. ¿Qué dices?"

1. ¿Tienes amigos que hayan sido diagnosticados con depresión clínica o conoces a alguien que luche con la depresión? ¿Qué impacto ha tenido en la vida de ese amigo o amiga?

2. ¿Cómo afecta tu vida la depresión? ¿Lo hace o no lo hace? ¿Qué te deprime más?

3. ¿Qué notas en tu cuerpo cuando te sientes más deprimida? [Regresa a los síntomas en la página anterior.]

4. ¿Qué tipo de pensamientos tienes cuando tu depresión es más intensa? ¿Tienes pensamientos negativos acerca de ti, de otros, tu futuro o alguna otra cosa?

5. La genética juega un papel en desórdenes depresivos, ¿tienes alguna observación acerca de cómo la depresión se manifiesta en otros miembros de tu familia? ¿Qué impacto tiene eso sobre tu vida?

6. Cuando te sientes deprimida, ¿hay algo que *yo* hago que lo empeora?

7. Cuando te sientes deprimida, ¿hay algo que *tú* haces que lo empeora? [Ejemplo: Dormir más, acudir a las redes sociales y compararte con otros, llamar o escribir mensajes de texto a ciertos amigos, consumir más cafeína, comer más/menos comida, etc.]

8. Cuando te sientes deprimida, ¿qué puedo hacer para ayudarte? Específicamente, ¿Qué puedo hacer para ayudarte a superar la severidad de la depresión cuando la sientes?

◖◖CITA PADRE E HIJA #31:
Preguntas acerca del uso de sustancias (drogas y alcohol)

He tenido muchas conversaciones con clientes a lo largo de los años acerca del abuso de sustancias, y puedo asegurarte de que muchos adolescentes y jóvenes adultos son más efectivos en esconder sus comportamientos experimentales o adictivos de lo que los padres puedan ser en descubrirlos. Y como la motivación detrás del abuso de una sustancia puede variar, desde sucumbir a la presión de grupo, a dejar de ser la niña buena y hacer lo que sea necesario para ser aceptada por los demás, hasta una manera de adormecer el dolor, entre otros. Es importante abordar esta conversación con la meta de encontrar qué está por debajo del comportamiento.

Aunque sin importar la razón, es importante recordar que solo porque has expresado tu opinión acerca de este problema, con la esperanza de que ella decida seguir tus creencias o dictámenes, y solo porque fue criada con tus valores, no significa que seguirá tus huellas. *Ella debe resolver esto por sí sola, y lo hará con o sin ti.* Mi esperanza es que sea la segunda opción.

Por esta razón, considero que es sabio dar lugar a esta conversación de manera que anime a tu hija a hacer preguntas, de una manera que le permita estar de acuerdo o en desacuerdo contigo, y que te dé la oportunidad de motivarla a pelear contra estos problemas.

Dos sustancias que han sido mayor foco de atención recientemente y que son importantes de discutir con tu hija, quizá puedas introducirlas a la conversación como aplique.

1. **Marihuana.** Si vives en un estado que haya legalizado la marihuana como en el que yo vivía (Oregon), hay una posibilidad más grande de que tu hija la haya probado ya (o la vaya a probar) porque es de fácil acceso. Y porque el cannabis es conocido por algunos como "la droga de entrada," potencialmente abriendo camino para el uso de drogas más fuertes, puede ser preocupante para ti y puede que amerite el tener una conversación abierta acerca del tema.

2. **Vaping o Vapear.**[9] La FDA (Administración de Alimentos y Medicamentos de Los Estados Unidos) y el ministro de salud pública han reportado que el uso de cigarrillos electrónicos o el vapeo, están ya al nivel de una epidemia entre los jóvenes, con un aumento del 78 por ciento entre estudiantes de secundaria y 48 por ciento entre estudiantes de la escuela intermedia tan solo en los últimos doce meses. Afirman también que 3.6 millones de niños entre los doce y dieciocho años están usando cigarrillos electrónicos actualmente, un número que aumentó por 1.5 millones en comparación con el año pasado. El vapeo se hace utilizando un aparato de baterías con un cartucho que calienta un líquido que contiene nicotina, a menudo mezclándolo con químicos que muchas veces incluyen THC (Tetrahidrocannabinol) y CBD (Cannabidiol), convirtiéndolo en vapor inhalable. Con una compañía que provea nicotina de sabores como Juul, los adolescentes están desarrollando cada vez más una adicción sin que sus padres o maestros sepan que están cargando estos aparatos enfrente de ellos, porque parecen plumas para escribir o memorias USB.

Hay muchos efectos negativos que pueden ser producto de vapear, incluyendo la disminución del funcionamiento cognitivo en la corteza prefrontal, un aumento en ansiedad y depresión, disminución del control de impulsos, y efectos físicos nocivos debido a la alta concentración de nicotina (primordialmente afectando el corazón y los pulmones). Adicionalmente, ha habido una gran cantidad de reportes de enfermedades de riesgo relacionadas con el vapeo, así como también fallecimientos recientes por dificultades respiratorias y/o enfermedad.[10] (Si deseas más información acerca de los cigarrillos electrónicos, puedes visitar www.catchinfo.org/modules/e-cigarrettes.)

Las siguientes preguntas te darán las herramientas para conversar con tu hija acerca del uso y abuso de sustancias de una manera proactiva.

Si tu hija defiende su comportamiento y sus decisiones en esta área, toma en cuenta que estas preguntas podrían escalar a un mayor nivel de intensidad. Si eso sucede, puede que debas parar y hacerlo en otro momento.

Esta es una manera de abordar el tema con ella: "Hola, hija. Comprendo que el hablar del uso y abuso de sustancias puede convertirse en una conversación muy complicada en la que ninguno de los dos escuchemos al otro por salir en defensa de nuestras fuertes opiniones. Me gustaría que habláramos de una manera sana y honesta, pero primero quisiera preguntarte si estás dispuesta a tener esta conversación conmigo. Si tu respuesta es sí, ¿estaría bien contigo hablar en una cafetería o un restaurante de manera que nos mantengamos con los pies en la tierra mientras charlamos?"

1. ¿Qué piensas acerca de experimentar con drogas o alcohol? ¿Consideras que es un rito de iniciación?
2. ¿Alguna vez has probado las drogas o el alcohol? Si es así, ¿Cuál fue tu experiencia? Si no es así, ¿Por qué no?
3. Si has probado drogas o alcohol, ¿Qué aprendiste de tu experiencia? ¿Fue mejor o peor de lo que imaginabas? ¿Hubo algo que te dio miedo en medio de todo?
4. Si nunca has probado drogas o alcohol, ¿Tienes alguna pregunta acerca de eso? ¿Has pensado probarlo en algún punto de tu vida?
5. ¿Te has sentido presionada en la escuela [o en tu lugar de trabajo] a probar drogas o a consumir alcohol?
6. ¿Te has sentido presionada a fumar, ya sea cigarrillos, marihuana o a vapear?
7. ¿Alguna vez has intentado fumar cigarrillos, marihuana o vapear? Si no es así, ¿Cómo has resistido la presión de grupo?
8. ¿Cómo sería si decidieras no fumar o no experimentar con drogas, alcohol? ¿Cómo reaccionarían tus amigos?
9. ¿Conoces a alguien que consuma drogas y/o alcohol que se ha visto afectado de manera *negativa* por eso?

10. ¿Conoces a alguien que se ha visto afectado de manera *positiva* por eso? [Ejemplo: Popularidad, mejores puestos en el trabajo, etc.]

11. La Dra. Michelle dice que es muy fácil esconder un comportamiento adictivo de los padres y de otros. ¿Qué piensas acerca de eso?

12. ¿Has notado alguna diferencia entre las personas que van a la iglesia o que son espirituales comparado con quienes no van a la iglesia o no son espirituales cuando se trata de consumir drogas, alcohol o esconder alguna sustancia?

13. ¿Hay alguna manera en que yo pueda ayudarte en el momento que te sientas presionada o tentada a experimentar con drogas o alcohol?

14. ¿Qué le dirías a tus hermanos o hermanas más pequeños, a tus primos o a tus amigos acerca del uso o no de las drogas, alcohol o los cigarrillos?

15. Esta pregunta puede ser compleja, pero, piensa en lo que pasará en cinco años, ¿Cómo imaginas tu vida en cuanto al consumo de drogas o alcohol?

66CITA PADRE E HIJA #32:
Preguntas acerca de la espiritualidad

Hay un cuadro en mi oficina con una de mis citas preferidas: *"No somos seres humanos teniendo una experiencia espiritual. Somos seres espirituales teniendo una experiencia humana."* Aunque me encanta esa verdad, me es fácil olvidarla. Así que, si esa cita es verdadera, y yo creo que lo es, la pregunta es entonces: *¿Qué tanto estamos alimentando nuestro espíritu, el cual es eterno, en comparación, sino más de lo que alimentamos nuestros cuerpos?*

Invita a tu hija a considerar su vida espiritual por medio de una conversación en la que puedas ayudarle a buscar claridad acerca de lo que cree y explorar las respuestas a sus preguntas.

HISTORIA POR LA DRA. MICHELLE

Hace unos años tuve la oportunidad de hablar en una conferencia en la que les pedí a todos que escribieran tres palabras que describieran la relación con sus padres. Seguidamente les pedí que consideraran si esas tres palabras describen también su relación con Dios como Padre. No me sorprendió el hecho de que muchos participantes identificaron una correlación significativa entre los dos.

Una semana después de la conferencia, recibí un correo muy emotivo de una de las participantes llamada Elaina, quien ahora es una buena amiga mía.

Escribió:

"Quería contarte que fue un poco difícil para mí hallar una conexión con lo que estás haciendo con los padres porque mi papá biológico está casi completamente ausente y mi padrastro . . . es mi padrastro, así es que era casi imposible para mí aplicar lo que tus enseñas. Sin embargo, me ayudó mucho el que nos indicaras asociar palabras con la palabra padre. Para mi fueron palabras como ausente, odioso, y soledad, lo cual en realidad me ayudó mucho al hablar en mi sesión de consejería de ayer, intentando describir mi experiencia con mis padres.

Estoy muy agradecida por el trabajo que haces con papás. Si hubiese habido alguien como tu o un libro de trabajo detallando lo que haces, quizá no hubiese sido la misma historia con mis dos papás. Quizá hubiese tenido una mejor imagen de Dios y no habría saltado de figura paterna en figura paterna, intentando encontrar a alguien que me afirmara y alimentara mi hambre por un padre.

> En cambio, comenzaré a trabajar en los pasos para el perdón de John Lynch.[11] Todo esto para decir, ¡Sigue haciendo un buen trabajo!"

Como ya lo sabemos, cada uno de nosotros estamos atravesando un viaje espiritual, y creo que nuestro Padre Celestial ya conoce cada paso que damos. Así que es importante saber que al influenciar el camino espiritual de tu hija, tú podrías ser la razón por la cual ella se vuelva a Dios y lo vea como Padre, *o la razón por la cual no lo haga.* Para decirlo de otra manera, tienes la oportunidad de trabajar junto a Abba Dios Padre en construir un puente entre el corazón de tu hija y Su corazón (*lo cual es un privilegio y una responsabilidad única en la vida, ¿estás de acuerdo?*).

Las siguientes preguntas tienen el potencial de dirigir a tu hija hacia una de las conversaciones más poderosas presentadas en este libro. O podría fracasar si alguno de ustedes tiene creencias personales que sean una amenaza entre sí. Por eso, te animo a tomar la decisión de no ir a toda marcha en esta conversación para no establecer un ritmo específico en cuanto a la manera en que interactúan. No permitas llegar a un punto de hostilidad, sin importar lo que ella dice o insinúa acerca de lo que crees o tu modelo de espiritualidad.

Puede que tu hija tenga perspectivas religiosas o espirituales diferentes a las tuyas. Lo importante es propiciar un diálogo y escuchar, aprendiendo acerca de lo que piensa y cree sin intentar cambiar su manera de pensar o dominarla con tus puntos de vista. Si ella no cree en Dios, considera utilizar una terminología diferente con la cual se pueda sentir más cómoda como "un poder más alto." Haz tu mejor esfuerzo para que esta conversación no se vuelva una confrontación y recuerda enfocarte en estar abierto a las diferencias que puedan tener, mientras das honor a las creencias y perspectivas de tu hija.

Las siguientes preguntas también están diseñadas para que tu hija te las haga a ti. Pero no lo hagan a menos que ella quiera escucharte. Es importante esperar a que ella te dé luz verde para evitar que de cualquier manera ignore lo que quieres decir.

Esta es una manera de abordar el tema: "Hola, hija. Sabes, últimamente he aprendido que tu relación conmigo puede afectar la manera en la que te relacionas con Dios y puede afectar tu punto de vista espiritual, prometo no criticarte, actuar a la defensiva o dominar la conversación. Me gustaría incluso escuchar de qué manera puedo ser una mejor influencia espiritual en tu vida. ¿Estarías dispuesta a tener esta conversación conmigo?"

1. Esta pregunta es más abierta, te da la libertad de decir lo que tú quieras. Me gustaría escuchar lo que tienes para decir. ¿En dónde te encuentras ahora espiritualmente?

2. Desde tu punto de vista, ¿tenemos las mismas creencias, perspectivas y/o prácticas espirituales? ¿Qué piensas acerca de nuestras similitudes y diferencias?

3. Según lo que has visto, ¿Qué tipo de relación (o falta de relación) consideras que tengo con Dios?

4. ¿Consideras que tengo influencia sobre tu vida espiritual, o crees que mis creencias son irrelevantes y que no tienen relación con las tuyas?

5. ¿Tienes alguna pregunta acerca de mi fe y lo que yo creo?

6. Cuando escuchas la palabra *padre*, ¿Cuáles son las tres palabras que constantemente vienen a tu mente? [Este es un ejercicio llamado *asociación de palabras*, lo cual permite una expresión espontánea de ciertas palabras que inmediatamente vienen a tu mente cuando reciben un estímulo, de esta manera revelan lo que está en tu subconsciente.]

7. ¿Consideras que estas palabras tienen relación con la manera en que te relacionas con Dios como un Padre?

8. Según lo que has observado en mí, ¿Qué has aprendido acerca de relacionarte con Dios como un padre, o de conectar o no con tu lado espiritual?

9. ¿En qué aspectos consideras que he sido una buena influencia modelando a Dios [o a un poder superior] o en el tema espiritual?

10. ¿En qué aspectos consideras que soy un mal modelo de Dios (o de un poder superior) o en el tema espiritual? Si

te es más sencillo escribir lo que piensas y entregármelo más adelante, está bien.

11. Que desearías que yo hiciera o no hiciera para ser un mejor modelo a seguir, mejor líder y/o representación de Dios [o de un poder superior] o en el tema espiritual para ti?

12. ¿Tienes alguna pregunta acerca de algún problema espiritual que podamos discutir de una manera abierta, honesta y respetuosa?

❝❝CITA PADRE E HIJA #33:
Preguntas acerca de poner límites al uso de su teléfono móvil

Recientemente aprendí de un término llamado *demencia digital*,[12] el cual utilizó el neurocientífico Manfred Spitzer, para describir cómo el exceso de uso de tecnología digital puede provocar un colapso mental en nuestra habilidad cognitiva, similar a la que se ve en personas que han sufrido un daño cerebral o que sufren de alguna enfermedad psiquiátrica. Te animo a explorar el término con tu hija leyendo artículos o viendo vídeos en línea acerca de este tema expandiendo de esta manera su acervo cultural.

Por decir lo obvio, todos somos parte de esta *"generación de los teléfonos inteligentes,"* en la que casi todos tienen uno. Y aunque parezca que no haya vuelta atrás, lo cual te complicaría ayudar a tu hija a reevaluar su tiempo del otro lado de una pantalla, es imperativo que la guíes a tener sabiduría acerca de este tema. Establecer límites en el uso de los aparatos tecnológicos cuando aún vive bajo tu techo, es una manera de ayudarle a priorizar su salud y bienestar (aunque quizá ella no interprete tu proceder de esa manera; lo cual hará necesaria una conversación para que juntos puedan atravesar la situación).

Es más efectivo modelar que enseñar, y el cambio comienza contigo, siendo el ejemplo de que es posible dejar tu teléfono móvil durante un periodo de tiempo (no solo voltearlo en la mesa), así le comunicarás a tu hija que ella es más importante que una posible interrupción.

LA HISTORIA DE REED

"Mi hija de catorce años, Maggie y yo comenzamos a hacer algo este año mientras trabajamos contigo. Ha requerido práctica, pero ahora la escucho contarme acerca de su día antes de ir a dormir, es un momento en el que me entrega su teléfono móvil. En los primeros meses del año, apenas hablábamos por cinco minutos, pero ahora nuestras conversaciones son de 30 a 60 minutos, ¡la más larga hasta la fecha ha sido de 90 minutos!

Debo ser honesto, es difícil por momentos. Muchas veces estoy cansado al final del día, sin embargo, el único momento en que podemos hacer esto es tarde en la noche, así que vale la pena.

Considero que, si logro que hable conmigo, me aseguro de que no esté en el teléfono móvil hablando con alguien a distancia. Prefiero pasar tiempo escuchándola para que sienta que tiene a una persona real con ella. Ahora comparte más, y como hemos construido una base sólida a lo largo de este año, se ha derribado el muro. De hecho, me dijo hace poco que tenía miedo de fracasar o de no vivir de acuerdo con mis expectativas o las expectativas de Dios. Tuvimos la oportunidad de hablar acerca de eso.

Cuando Reed comenzó a interactuar con su hija de manera intencional, ella se cortaba a sí misma, experimentaba con el alcohol y tenía tendencias suicidas. El contexto hace que esta historia sea aún más increíble porque estos cambios profundos en su relación llevaron a Maggie a decir lo siguiente: "He visto a mi papá crecer e involucrarse más en el papel de ser mi padre. Ha adecuado su vida por mí y eso ha ajustado a nuestra familia. Se ha convertido en mi mejor amigo. Ahora le cuento todo, y siempre está presente para mí. Este proyecto le vino muy bien. Creo que el mayor resultado se vio en nuestra relación y en las tácticas que hemos aprendido en el camino."

Las siguientes preguntas ayudarán a que puedas conversar con tu hija acerca de este tema tan complejo como lo son los límites alrededor del uso del teléfono móvil, creando espacio para que ella pueda resolver y escuchar de tu parte acerca de este problema.

Sería útil comenzar con el objetivo de facilitar una conversación positiva. Luego, dependiendo de qué tan fuerte sea su relación, puedes abordar con cuidado este tema tan cargado de emociones sin presionarla a cambiar sus acciones inmediatamente, simplemente guiarle a tomar conciencia acerca del uso de su teléfono móvil (preguntas 1-7). Puedes dividir las preguntas en dos partes para no abrumarla (preguntas 1-7, seguidas de la 8-12). O puedes afrontarlo todo de una sola vez.

Esta es una manera de abordar el tema con ella: "Hola, hija. Se que todos tenemos nuestros teléfonos móviles siempre cerca y es difícil desconectarnos. Y aunque ya hicimos el reto de las 24 horas sin teléfono (Cita Padre e Hija #13), estoy listo para un reto personal aún más grande de usar mi teléfono aún menos, sabes, me gustaría que me acompañaras en esto. ¿Estás dispuesta a charlar acerca de las maneras positivas y negativas en las que nuestros teléfonos móviles impactan nuestras vidas?"

1. Hagamos un viaje al pasado. ¿Hace cuantos años recibiste tu primer teléfono móvil y cómo recuerdas que era en comparación con el que tienes ahora?

2. Esto es lo que recuerdo de crecer *sin* un teléfono móvil … [Papá, cuéntale a tu hija como era tu vida cuando no

tenías teléfono móvil o una computadora o el internet. Cuéntale cómo era vivir sin acceso a la tecnología e información 24/7]

3. ¿De qué manera consideras que tu teléfono móvil mejora tu vida? [Ejemplo: El acceso rápido y sencillo a información, estar al tanto de todo lo que sucede, hacer contactos profesionales, conectar con diferentes personas, sentir menos soledad, etc.]

4. ¿Crees que un teléfono móvil puede ser un substituto para las relaciones personales o consideras que no tienen relación una cosa con la otra?

5. Puede que sea difícil admitir lo siguiente, pero ¿de qué manera consideras que tu teléfono móvil afecta tu vida de manera negativa? [Ejemplo: Que otras personas puedan saber mucho acerca de ti, es una manera de ser malinterpretada, el drama de algún amigo o amiga, fotografías o vídeos inapropiados, acceso a información con mucho contenido sexual, etc.]

6. ¿Cómo crees que sería tu vida sin un teléfono móvil que te de acceso a información 24/7?

7. ¿Cómo crees que sería mi vida si no tuviera mi teléfono móvil conmigo siempre? Déjame ponerlo de otra manera, ¿Ves algún patrón negativo en mi uso del teléfono móvil?

8. ¿Crees que nuestra dinámica familiar sería diferente si dejáramos nuestros teléfonos por un lado en determinados momentos, por ejemplo, cuando comemos o cuando salimos juntos? Si es así, ¿cómo imaginas que pueda ser esta experiencia?

9. ¿Qué te genera temor de pasar menos tiempo en tu teléfono móvil o de no tenerlo cerca constantemente?

10. ¿Crees que hay algo de verdad en el término "demencia digital"? [Este sería un buen momento para leerle a tu hija información acerca del término.] Me gustaría escuchar qué piensas acerca de ese concepto.

11. ¿Siendo completamente honesta, crees que haya un impacto positivo en pasar menos tiempo en tu teléfono móvil o no estar tan disponible todo el tiempo para tus amigos?

12. Si ambos fuésemos más disciplinados, en apagar nuestros teléfonos móviles en momentos determinados, ¿cómo imaginas que se vería eso?

[Termina la conversación con lo siguiente: "Sé que quizá no quieras hablar acerca de establecer límites con tu teléfono móvil, pero me gustaría que llegáramos a un acuerdo. Esto es lo que te propongo para que tu teléfono móvil contribuya a tu vida en lugar de controlarla y dominarla . . ."*]*

❝❝CITA PADRE E HIJA #34:

Preguntas acerca de chicos y de salir en citas

Esta sección de preguntas comienza de manera sencilla y más adelante profundiza en el tema. **La disposición de tu hija dependerá en qué tan fuerte es la relación entre ustedes en este momento.** *También es importante considerar si es introvertida o extrovertida, porque esto afectará también cuanto esté dispuesta a hablar acerca de este tema.*

Puedes dividir estas preguntas en dos secciones para apegarte al tiempo que necesite tu hija en este tema tan importante. Sugiero comenzar con las preguntas de la 1-10 para tu cita padre e hija inicial, seguida de las preguntas 11-15 en una segunda conversación.

Esta es una manera de abordar el tema con ella: "Hola, hija. Me gustaría que tuviésemos una conversación abierta y real acerca de chicos, citas y relaciones. Esta no es un área común de conversación para que padres e hijas sean honestos, pero tú y yo podemos marcar una tendencia. Realmente quiero comprender lo que piensas acerca de esto, aunque sea un poco incómodo o extraño para nosotros. ¿Estás dispuesta a hacerlo?"

1. ¿Quiénes son algunos de tus chicos favoritos en películas, música o en la televisión, del pasado o presente?

2. ¿Qué te gusta acerca de ellos?

3. ¿Qué cualidades buscas en un chico con el cual saldrías?

4. ¿Qué te disgusta de un chico?

5. Desde tu punto de vista, ¿Qué es lo peor que un chico le puede hacer a una chica?

6. ¿Conoces a algún chico que haría algo así? O ¿Has escuchado acerca de algún chico que ha hecho algo así, aunque no haya sido a ti?

7. ¿Cuál ha sido una de las mejores citas a las que has ido? [Si no ha ido a una cita aún, pregúntale cómo sería la cita perfecta.]

8. ¿Cuál es una de las peores citas a las que has ido, o que has imaginado?

9. ¿Cuántos de tus amigos están en una relación a la que llamarías "buena"?

10. Desde tu punto de vista, ¿Qué hace que una relación sea buena y que hace que una relación sea mala?

11. ¿Por qué crees que las chicas deciden permanecer en una relación, aunque sientan que algo ya no está bien?

12. ¿Qué ha sido lo más desagradable que un chico te ha hecho? ¿Estarías dispuesta a contarme tu experiencia, aunque sea tan solo una parte de lo que sucedió?

13. ¿Alguna vez he sido hiriente o insensible hacia ti cuando se trata de chicos o de citas?

14. ¿Qué haría más sencillo el hablarme a mí acerca de chicos o de citas?

15. ¿Te gustaría saber cómo fue mi experiencia en citas cuando tenía tu edad?

[Termina su tiempo juntos agradeciéndole por su honestidad y haciéndole saber que tú siempre serás su chico

número uno, en las buenas y en las malas asegurándole que estarás más consciente de conectar con su corazón.]

❝❝CITA PADRE E HIJA #35:
Preguntas acerca de sexo

Si eres como muchos de los padres a los que he acompañado en este viaje que se llama paternidad, esta sección puede que te cause mucho temor. Quizá prefieras no decir nada en lugar de afrontar la posibilidad de decir algo incorrecto y obtener una fuerte reacción negativa.

Yo espero que a medida que profundices en estas aguas desconocidas, con este guión en mano, te llegarás a sentir más confiado de dar pasos hacia adelante.

Para que puedas armarte de valor y tener esta "platica acerca del sexo" con tu hija, debes fijar tus ojos en el siguiente objetivo: *guiarla a ver más allá ayudándola a hallar claridad en cuanto a los límites de su vida sexual.* Aunque ya haya tenido relaciones sexuales, el hablar de este tema contigo, quizá hará que cambie su postura en el futuro, a medida que procesa sus experiencias pasadas y logra obtener más conocimiento que pueda aplicar en las relaciones por venir. *¿Y quién mejor para guiarla en este proceso que tú?*

Muchos padres en The Abba Project (El Proyecto Abba) han estado justo donde te encuentras hoy, han tomado la decisión de tocar este tema con sus hijas ¡y vivieron para contarlo! Voy a dejar que tres de ellos compartan sus experiencias.

LA HISTORIA DE REED

"Este es el tema que me causaba más temor y ansiedad. Leí todo el material para estar listo, sin embargo, se me cruzó por la cabeza simplemente no hacer estas preguntas. Pero lo hice, porque la respeto, Dra. Michelle, llegué a la conclusión de que usted sabe qué funciona y qué es importante. Y porque amo a mi hija. Supe que debía tener esta conversación con ella, ¡y estuvo mejor de lo que esperaba!"

LA HISTORIA DE LLOYD

"¡El tema de sexo!, ¡El tema de sexo! Tuvimos nuestra discusión, quizá es porque mi hija tiene quince años, pero no tenía interés en hablar conmigo de esto. Aun así, me alegra haberlo hecho."

LA HISTORIA DE SCOTT

"Mi hija de diecisiete años es sexualmente activa, me enteré cuando estaba en rehabilitación. Sentí un luto por su inocencia, y me enfadé. Pero lo bueno de este mes es que, en nuestra cita padre e hija, hablamos acerca de eso. Ella piensa que la veo rota, averiada y desvalorizada, pero no es como yo la veo, Jesús tampoco la ve así. Entonces la reafirmé como preciosa, bella y limpia."

Conozco padres que han pasado por alto discutir acerca del sexo con sus hijas porque es un tema difícil e incómodo. Algunos eran divorciados y esperaban que las madres, padrastros o alguien más abordara el tema, evitando preguntar si alguien ya lo hizo.

Para ilustrarlo mejor, te comparto la pregunta que un padre me hizo por correo.

"Dra. Michelle, tengo su libro *Dad, Here's What I really Need from You*, y tengo una pregunta acerca del capítulo 37, "The Sex Talk" (La Charla De Sexo). No me siento calificado para hablarle a mi hija de diecisiete años acerca de sexo porque soy divorciado, un padre físicamente ausente, y la mamá de mi hija se casó de nuevo. Siento que mi hija tiene un nuevo padre. ¿Cómo asumo el papel del padre que debe hablarle a su hija acerca de sexo?"

Mi respuesta: "Aunque tu hija tenga un padrastro, tú eres su padre biológico. Nunca asumas que no eres importante. Deja que tu hija se beneficie de que ambos contribuyan a su vida y que ambos tengan conversaciones con ella acerca de todo lo que está procesando. Veo doblemente poderoso el que dos hablen con ella acerca de sexo en lugar de que te retraigas y cedas el lugar solamente a su padrastro, tu hija se pierde el "profundizar" con el hombre con el que comparte ADN. Te necesita a TI"

Estas realidades me ayudan a subrayar el reto que se lanzó, papá. No demores ni asumas que alguien más cubrirá esta base con tu hija. Para darte las herramientas que te permitan tener éxito en esta aventura, te daré el guión para abordar esta conversación tan delicada y al mismo tiempo crítica.

Estoy enterada de que muchas mujeres dicen que es *su decisión* si tendrán o no sexo antes del matrimonio porque es *su* cuerpo y *su* decisión. Al paso del tiempo, afirman que lo que hacen a puerta cerrada, debe permanecer privado, especialmente de sus padres.

Habiendo dicho esto, con estudios que confirman que las chicas postergan el participar en actividad sexual como resultado de sentirse conectadas a sus padres, es imperativo que propicies esta conversación con tu hija, porque tu opinión importa, aunque ella no esté al tanto de que es así. Esto no significa que estarán de acuerdo en todo; se trata, en cambio, de hacerle saber que estás dispuesto a llegar al fondo, aunque esto represente un reto. Papá, como tu instructora, quiero animarte antes de abordar el tema:

- Respira profundo.
- Haz una oración.

- Ármate de valor.
- Lidera con el ejemplo (con amabilidad, apertura y honestidad a pesar de los nervios).
- No te des por vencido (sin importar cómo reaccione o responda).
- ¡Anímate!

Las siguientes preguntas serán una guía para iniciar "la charla de sexo" con tu hija. Espera momentos incómodos, especialmente si nunca has tocado el tema con ella.

Que tu objetivo sea tener una conversación honesta con tu hija, no le des un sermón. Con el tiempo, si ambos deciden hablar más acerca de sexo, puedes compartir entonces lo que piensas, si tu hija está dispuesta a escucharlo.

Esta es una manera de abordar el tema con ella: "Hola, hija. La Dra. Michelle ha compartido estudios que dicen que las chicas postergan tener relaciones sexuales cuando se sienten conectadas a sus padres. Se que esta conversación tiene el potencial de ser incomoda porque es acerca de sexo, pero con guión en mano, para llevar la conversación, estoy dispuesto a hablar acerca de esto, si tú también lo estas. Mi objetivo no es darte un sermón o presionarte, sino, propiciar una conversación real entre nosotros dos. Como lo dije ya, ambos podemos compartir nuestras opiniones, pero si prefieres que yo me limite a escuchar sin compartir lo que pienso, está bien. ¿Estás dispuesta a intentarlo utilizando las preguntas que la Dra. Michelle nos dio?"

1. ¿A qué edad recibiste una clase de educación sexual en la escuela? ¿Recuerdas algo de lo que aprendiste? [Si tu hija es como otras chicas que conozco, sus recuerdos pueden no estar basados en datos puntuales acerca de sexo o del cuerpo humano. Por eso la importancia de hacer esta pregunta.]
2. ¿Qué porcentaje de quienes estaban en tu grupo de amigos crees que ya han tenido relaciones sexuales?

3. ¿Qué dicen tus amigos o las personas de tu edad acerca del sexo?

4. ¿Cuáles son tus ideas, creencias, convicciones y/o sentimientos acerca del sexo o del "sexo casual"? [Ejemplo: ¿Cómo quieres que sea tu relación antes de tener relaciones sexuales? ¿A qué edad te gustaría que fuera tu primera vez? ¿Quieres esperar a tener relaciones sexuales hasta el matrimonio?]

5. Porque el sexo es el acto más íntimo entre dos personas, ¿Cómo crees que puede impactar una relación?

6. De lo que has observado, ¿crees que es razonable ya que alguien espere a tener relaciones sexuales hasta el matrimonio?

7. ¿Crees que existe una relación entre la base espiritual de una persona y su decisión acerca de tener relaciones sexuales antes del matrimonio?

8. He oído que los cristianos están tomando las mismas decisiones en cuanto al sexo, que personas que no tienen fe.[13] ¿Crees que esto es congruente con lo que has observado hasta el momento?

9. Algunos dicen que es común ahora el omitir conocerse mejor y comenzar por tener relaciones sexuales. ¿Qué piensas acerca de eso?

10. ¿Estarías abierta a escuchar mis pensamientos y creencias acerca del sexo? [Puede que ella ya los conozca, pero esta vez quizá consideres compartir un poco acerca de tu historia, incluso lo que aprendiste de manera difícil o que hubieses querido hacer de manera diferente, remordimientos que tengas, o quizá alguna manera sabia en que manejaste esta área de tu vida.]

11. Aunque sea difícil para mí escucharlo, quisiera tener una conversación honesta contigo acerca de este tema. ¿Tienes alguna pregunta acerca de sexo que yo pueda responderte, especialmente cosas en las que te gustaría escuchar el punto de vista de un hombre?

CITA PADRE E HIJA #36:
Preguntas acerca de sextear

Papá, si las preguntas anteriores te parecieron una locura, prepárate para otra dosis intensa de realidad con las que vienen. *Quiero mencionarte que, si tu hija se abre tan solo un poco en cuanto al tema de sextear, será una confirmación tangible de que ella confía en ti.* Primero hay que definir el término: Sextear es el acto de enviar imágenes sexualmente explícitas por medio de un mensaje de texto. Esto puede incluir fotografías parcialmente desnudas, vídeos con contenido sexualmente explícito, o cualquier tipo de comunicación virtual que contenga material sexualmente explícito.

A menos que pienses que tu hija es inmune a este tipo de exposición, es bueno que consideres los resultados de un estudio que reveló que del 12 al 15 por ciento de adolescentes admiten haber enviado alguna imagen sexualmente explícita a alguien vía mensaje de texto, y el 19 por ciento admiten haber recibido una imagen sexualmente explícita por mensaje de texto en algún momento de sus vidas. Otro estudio describe que las chicas que cursan la escuela intermedia se sienten incomodas cuando alguien les pide enviar fotografías de partes privadas de sus cuerpos a chicos, particularmente por un grupo de chicos "saturados con pornografía" quienes les piden proveer escenas inspiradas por la pornografía, pero generalmente las chicas no saben cómo decir que no y sienten temor de herir sus sentimientos.[14]

Quizá asumas que tu hija conoce los riesgos de sextear, pero ese no es el caso frecuentemente, como lo subraya la autora Ann Brenoff: *"El mayor control que tienes (aparte de quitarles su teléfono móvil) es tener una conversación franca de corazón a corazón acerca de que no hay mensaje de texto o fotografía que desaparezca de verdad y esto es algo bajo y sucio que puede volver y perseguirles".*[15] Papá, te animo a ser directo en hacerle saber a tu hija que tu estarás:

1. **Monitoreando** sus redes sociales y que tendrás acceso a ellas con regularidad.

2. **Discutiendo** con ella los peligros en ciertas aplicaciones en su teléfono móvil que tengan el potencial de exponerla a interacciones sexualmente inapropiadas o a depredadores sexuales.

3. **Confrontando** a cualquier chico que le pida algo que la ponga en peligro o que la comprometa.

Muchas chicas creen que si su padre interviene y confronta a un chico ordenándole que se aleje de ella, no solo acabaría su vida social, sino también puede llegar a definir su destino como una desterrada y exiliada. Pero créeme cuando te digo que, con el paso de los años, lo verá por medio de otro lente. Cuando sea mayor, puede que te agradezca por defenderla.

LA HISTORIA DE HANNAH

"Recuerdo que mi papá hizo algo cuando yo estaba en tercer grado, tenía quizá ocho o nueve años, y me avergonzó mucho en el momento, pero ahora que veo hacia atrás, comprendo que me enseñó a valorarme más. Los chicos solían tocarme de maneras inapropiadas en la escuela, y mis maestros y compañeros decían que era normal y que debía reírme porque se trataba de 'chicos siendo chicos'. Pero cuando le conté a mi padre, llegó a la escuela al día siguiente, entró a mi salón en medio de la clase, y pidió hablar con un chico fuera del salón. Le dijo a Viktor que, si me llegaba a tocar de nuevo, entonces regresaría y esta vez no solo a tener una conversación con él.

Viktor regresó al salón riéndose, intentando no verse muy afectado y demostrándole a los demás que no pasaba nada. Pero vi algo diferente en él: temor y respeto. Aunque se expresó de manera irrespetuosa acerca de mí, de mi papá y de mi familia, nunca más me tocó de nuevo.

Yo estaba tan avergonzada en ese momento, pero ahora que tengo veintisiete años, me doy cuenta de lo esencial que fue el no estar de acuerdo con que un chico me tocara de esa manera. Y si, el que mi padre se presentara en mi salón e hiciera lo que hizo, contribuyó a que me insultaran y a que me dijeran que yo me creía superior a ellos, con el paso de los años, esto se convirtió en algo muy importante para mí, porque mi padre me defendió cuando yo no lo pude hacer. Su visión iba más adelante que la mía. Me ayudó a ver más allá. Me mostró que tengo valor porque soy digna de ser protegida."

El valiente padre de Hannah, Mel, vio más allá de la incomodidad temporal que pudo haberle causado a su hija tan vulnerable, y se enfocó en lo mejor a largo plazo. Defendió a su hija haciéndoles saber a los demás que ella era digna de cuidado. Él sirve de modelo para hacer un llamado a que los padres tomen acción.

Solamente recuerda que no importa cuán incómodo sea el discutir este tema, si tú te presentas con valentía, estarás dándole a tu hija un regalo, permitiéndole revelarte las complejidades intensas con las que debe lidiar día con día. Enfócate en la necesidad que ella tiene de exponer todo esto, en lugar de enfocarte en tu incomodidad.

Si deseas prepararte antes de la cita padre e hija, recomiendo familiarizarte con el contenido en los siguientes sitios web: www.foreverymom.com y www.fightthenewdrug.org, aquí hallarás información relevante y práctica.

Esta es una manera de abordar el tema con tu hija: "Hola, hija. Quiero que sepas que me importa mucho cómo te traten los chicos, en particular lo que te pidan hacer. Reconozco que esto puede ser incómodo para ambos, pero si trabajamos juntos, estoy seguro de que nos vendrá muy bien una conversación acerca de sextear. No quiero avergonzarte; simplemente quiero entender lo que debes sobrellevar en tu día a día. ¿Consideras que podemos tener esta conversación? Si termina siendo muy difícil para alguno de los dos, podemos hablar de esto en otro momento. Quizá intentemos escribir nuestras respuestas y comunicarnos de esa manera en lugar de hacerlo cara a cara. ¿Qué dices?"

1. ¿Ves algo malo con sextear, o crees que es algo normal hoy en día?

2. ¿Por qué crees que muchas chicas envían fotografías gráficas o vídeos de sí mismas en posiciones sexuales sin considerar que no tienen control sobre a dónde van una vez que las enviaron?

3. ¿Has escuchado acerca de algo malo o peligroso que le pasó a alguien como consecuencia de sextear? [Ejemplo: Las fotografías/vídeos llegaron a las manos equivocadas, acoso, etc.]

4. Se que esta es una pregunta atrevida, pero ¿le has pedido a alguien que te envíe una selfie desnudo? Aprovechando que estamos en este tema, ¿alguna vez alguien te pidió que le enviaras un vídeo explícito sexualmente vía Snapchat, Tinder, Yubo, Spotafriend, o alguna otra aplicación? Si es así, ¿cómo te hizo sentir esa solicitud? ¿Te sentiste presionada a cumplir?

5. Si le dijeras que no a un chico que pidió que le enviaras una selfie desnuda ¿Qué crees que sucedería?

6. ¿Conoces a alguna chica que no ha cedido a la presión de grupo en esta área, quien defendió sus creencias y dijo no, y vivió para contarlo? ¿Cuál es su reputación después de haber permanecido firme?

7. ¿Has pensado en algo que pueda ayudarte a ti y a tus amigas a sentirse empoderadas y unidas al decir no a sextear?

8. ¿De qué manera puedo ayudarte a decir no a sextear con seguridad, de manera que puedas honrarte a ti misma en lugar de ceder simplemente para gustarle a un chico o para ser popular?

[Termina diciéndole lo siguiente:

- *El que un chico te presione a compartir contenido sexual, no es amor; es lujuria en su máxima expresión porque busca faltarle el respeto y herir chicas/mujeres como resultado de solo pensar en sí mismo.*

- *Ella no necesita hacer algo con lo que no se siente cómoda, eso incluye enviar fotografías desnudas, participar de sexo oral, o denigrarse a sí misma para probar que ama o que le importa un chico.*

- *Dile que estarás muy orgulloso de ella por decir no y honrarse a sí misma, aunque eso resulte en que otros se burlen de ella.]*

❝❝CITA PADRE E HIJA #37:
Preguntas acerca del acoso y el abuso sexual

Papá, este tema también es muy duro de abordar, sin embargo, es esencial que lo hagas si deseas criar a una mujer sana y empoderada.

Mas importante aún, si tu hija ha sido víctima de acoso, agresión o abuso sexual, y *específicamente si ha sufrido esto a manos de un hombre*, tienes que demostrarle que hay hombres buenos en este mundo que respetan a las mujeres, hombres a los que les importa honrar a las mujeres y sus límites, quienes, sí toman un no como respuesta, quienes sí anteponen las necesidades y derechos de una mujer por encima de sus deseos sexuales.

Por eso debes hablar de esto con ella.

LA HISTORIA DE MÓNICA

En el 2018, Mónica Hesse escribió un artículo muy impactante en el *Washington Post* titulado: "Dear

Dads, Your Daughters Told Me About Their Assaults, This Is Why They Never Told You." Es una pieza aleccionadora, y me impactó en el momento, e inmediatamente lo compartí con los padres en The Abba Project (El Proyecto Abba) diciéndoles que sus ideas están de acuerdo con lo que he escuchado de parte de varias mujeres a lo largo de dos décadas en mi carrera de consejería.

La Señorita Hesse reveló que mientras se preparaba para escribir el artículo, contactó a muchas mujeres que habían compartido sus historias aterradoras de crueldad por parte de los hombres, desde haber sido inmovilizadas y desvestidas, hasta abusadas, acosadas y violadas. Claramente compartió que su deseo era también honrar a las víctimas silenciosas quienes nunca compartieron sus historias con alguien más, menos con sus padres.

Después agregó que muchas mujeres expresaron que no querían compartir sus experiencias con sus padres, no porque consideraban que no podrían manejar sus emociones, sino porque no creían a sus padres capaces de controlar las suyas. Expresó lo siguiente de una manera conmovedora: *"Dedicamos mucho esfuerzo en proteger a los hombres que amamos de las cosas malas que nos suceden. Y muchos padres están muy cerca de cosas malas de las cuales jamás se enterarán... si eres padre y nunca has escuchado experiencias así, no significa que no existan"*[16]

Creo que hay otra razón por la cual las mujeres no comparten estas historias con sus padres. Toda hija desea que su padre esté orgulloso de ella, así que evita exponer algo que tenga el potencial de confirmar que ella representa una decepción para él. Aunado a esto, evitará revelar algo que pueda de alguna manera provocar un malentendido, juicio, culpa, un sermón o vergüenza por parte del padre.

Escúchame cuando te digo que, aunque no quieras saber que sucedió o creer que sucedió, hay una gran posibilidad de que tu hija haya pasado por algún nivel de acoso, explotación sexual o violación en algún punto de su vida.

LA HISTORIA DE LA DOCTORA MICHELLE

Buscando compartir de manera autentica, comprendo este problema personalmente porque soy una sobreviviente de abuso sexual. Y ese abuso no vino de un solo agresor. Viví agresión sexual siendo dominada por hombres en ambientes de grupo. Y como lo dijo Mónica en su artículo, siempre he sabido, *o sentido*, que mi papá no estaba preparado para escuchar acerca de esto.

Como resultado de sentir su dolor al no haberme podido proteger o al no haber podido hacer algo para evitar lo que me sucedió (aunque nunca lo supo), decidí no hacerle saber todos los detalles.

Un impacto significativo al final de mis veintes fue haberme sentido atraída de manera romántica a un abusador, un chico con el que casi me caso, quien tenía una habilidad de resaltar las mentiras que yo me había creído acerca de mí misma. Para ilustrarlo mejor, yo creía ser un pedazo de basura, fea, desvalorizada y que estaba dañada. Por años hice mi mejor esfuerzo por no ponerle atención a mi angustia interna, intentando reemplazar esas mentiras con la verdad en las escrituras. Es más, me sumergí en numerosos ministerios y actividades. Pero cuando todo llegó a tal punto en que no lo pude esconder más, finalmente busqué ayuda profesional.

Mi camino de consejería tomó ocho años, lo cual fue *mucho* más de lo que imaginé, pero con las capas extensas de trauma que tenía, me tomó todo ese tiempo el poderlo superar. Y aunque requirió de mucho tiempo, dinero y energía, ahora puedo decir que estoy más que agradecida por la minuciosidad del proceso que se ha mantenido firme y me ha permitido vivir en libertad.

Al terminar el trabajo terapéutico, quise estudiar en la escuela de postgrado y obtener las herramientas para acompañar a otros en su camino de sanidad. Esto me permitió vivir la realidad de Génesis 50:20, *"Es verdad que ustedes pensaron hacerme mal, pero Dios transformó ese mal en bien."*

Se que esto puede ser difícil de creer, pero honestamente pasaría de nuevo por todo con el fin de conocer a Jesús de la manera en que lo conozco hoy. No solo eso, ahora tengo una mayor capacidad de entender a las personas, y es mi más grande honor y privilegio el que me confíen sus historias crudas y reales, lo cual me permite tener un asiento en primera fila para ver lo que Dios hace en sus vidas.

Papá, te pido que tengas esta conversación con tu hija, y que con valentía le permitas hablarte acerca de estas cosas.

- Es **momento de establecer una línea de comunicación**, aunque te parezca incómodo "llegar a ese punto" con ella.
- Es **momento de escuchar sus historias** de cómo la han tratado los hombres.
- Es **momento de escuchar sus preguntas**, sin juzgar, acerca de lo que le han hecho los hombres, reforzando su valor y que merece ser respetada por ellos.
- Es **momento de dejar de acobardarse**, sin temor a estar abrumado por algo que escucharás o preocupado de decir algo incorrecto, eligiendo en cambio, hablar con tu hija acerca de sus preferencias y/o experiencias sexuales

reafirmando que estarás con ella sin importar lo que suceda.

- Es **momento de decirle**, "No tengo ningún problema en apoyarte, acompañarte, y/o protegerte. Lo único que debes hacer es pedírmelo y yo estaré ahí para lo que necesites." De hecho, conozco a un padre que se presentó en la casa de su hija cuando por fin ella le reveló que estaba en una relación abusiva. Como ella se encontraba muy cansada para huir sola, su padre tuvo la iniciativa de salvar su vida, demostrándole que es posible y que es algo muy poderoso que un padre puede hacer con su hija sin importar su edad.

- Es **momento de parar si estás haciendo algo en tu vida personal que cosifique a las mujeres y que contribuya a este problema en la sociedad**, lo cual se traduce en examinar como tratas a las mujeres, detener todo uso de pornografía, rehusarte a participar en actividades que deshonren tus votos matrimoniales o el compromiso en tu relación, sean encuentros sexuales o algo más que consideres inofensivo, incluyendo el galantear con otras mujeres o una indiscreción emocional.

Gracias a que el movimiento #MeToo (Yo también), facilitó un foro para que las mujeres pudiesen unirse y hacer a los hombres rendir cuentas por lo que ha estado sucediendo tras puertas cerradas, entiendo que puedas sentirte atacado, provocando que sientas temor de hacer o decir algo que esté mal. Muchos hombres me han confiado que ahí es donde se encuentran en este momento. También reconozco que puede ser muy difícil escuchar la historia de tu hija, quizá prefieras que la cuente sin emoción alguna, detalles o hechos.

Por favor escúchame cuando te digo que esta no es la mentalidad correcta para comenzar este diálogo. *Debes estar dispuesto a escuchar todo lo que a ella le par0ezca necesario decirte porque tienes más poder de lo que imaginas para ser una influencia que traiga sanidad y al mismo tiempo convirtiéndote en un testigo sano de su historia.*

El siguiente cuestionario, te dará una guía para hacer las pregun-

tas difíciles invitando a tu hija a compartir sus experiencias de violencia, maltrato, explotación o abuso sexual.

Puede que sea muy intenso y pesado cubrir todas estas preguntas en una sola ocasión. Si es así, divídelas y permite que tu hija dicte el ritmo en que quiere compartir cada vez que hablen.

Es vital escuchar sin juzgar. Aunque ella haya tomado decisiones poco sabias que hayan influido en la violación sexual que sufrió, lo más importante ahora es que la acompañes en su luto afirmando cuan valiosa es.

Esta es una manera de abordar la conversación: "Hola, hija. Honestamente no tengo idea de cómo iniciar esta conversación contigo acerca de experiencias negativas que hayas tenido y de haber vivido violencia, maltrato, explotación o abuso sexual. Sin embargo, quiero charlar contigo si estás dispuesta a compartir tus historias conmigo. Entiendo que puede parecer muy formal el usar la guía de la Dra. Michelle, pero ya que ella es consejera profesional, confío en que me sabrá guiar en este camino desconocido. ¿Podemos intentar navegar esto juntos?"

1. Comencemos por hablar acerca de lo que está sucediendo en nuestro país. ¿Qué piensas acerca del movimiento #MeToo (yo también), en el que muchas mujeres se han unido para contar sus historias acerca de violencia, maltrato, explotación o abuso sexual?
2. ¿Consideras que estos problemas están de alguna manera siendo más o menos generalizados de lo que se reporta o se discute?
3. Soy hombre, y sé que no estoy completamente consciente de lo que representa para una mujer el no sentirse segura en ciertos sitios, o el no ser suficientemente fuerte físicamente en determinados momentos para defenderse a sí misma, o el vivir en un mundo que cosifica a las mujeres. ¿Puedes ayudarme a entender cómo se ve esto en tu vida?
4. Algunos programas de televisión, películas y canciones

promueven la promiscuidad y celebran las indiscreciones sexuales. ¿Crees que los medios tienden a normalizar la falta de respeto hacia las mujeres influenciando el que sean percibidas como objetos sexuales, o consideras que la correlación es irrelevante?

5. ¿Conoces a alguna o varias chicas que hayan sido abusadas sexualmente?

6. ¿Consideras que en general las niñas o mujeres prefieren no contar lo que les sucedió?

7. He escuchado que las hijas tienden a no contarle este tipo de experiencias a sus papás. ¿Por qué crees que es así?

8. ¿Estarías dispuesta a compartir tu experiencia cuando se trata de insinuaciones sexuales y como es el comportamiento sexual a tu alrededor?

9. Quizá esto sea difícil de hablar, pero quisiera ser una figura sana con la que puedas interactuar acerca de estas cosas. También quiero que sepas que no tienes la obligación de guardar mis sentimientos o preocuparte de decepcionarme con lo que me digas. Estoy aquí para ti, te amo y quiero apoyarte en lo que pueda. Habiendo dicho eso, ¿Has experimentado violencia, maltrato, explotación o abuso sexual?

10. ¿Cómo visto estas experiencias afectar los siguientes aspectos, no solo cuando sucedió, sino en tu día a día?

• Emocionalmente

• Mentalmente

• En tus relaciones (especialmente con chicos, figuras de autoridad, Dios)

• Físicamente

• Espiritualmente

11. Como resultado de lo que viviste y/o lo que has visto a tus amigas vivir, ¿De qué manera se ha visto afectada tu percepción acerca de los hombres, el sexo y la seguridad sexual?

12. Como resultado de lo que has vivido y/o lo que has visto a tus amigas vivir, ¿De qué manera se ha visto afectada tu percepción acerca de Dios?

13. ¿Qué es lo que más te enfada acerca de la violencia, el maltrato, la explotación o el abuso sexual en tu historia, las historias de tus amigas, o de mujeres que no conoces pero que han decidido hacer públicas sus historias?

14. ¿Alguna vez he contribuido en hacer difícil el que puedas hablar o lidiar con este tipo de cosas? Siéntete libre de ser honesta conmigo si he sido insensible o me he sumado a tu dolor.

15. ¿Cómo puedo ser un mejor apoyo para ti en esta área de tu vida específicamente?

[Papá, si esto le da expresión a tu corazón, puedes decirle, "Gracias por compartir tu experiencia conmigo. Me honra el que hayas confiado en mí y aplaudo tu coraje al abrir tu corazón el día de hoy. Quiero que sepas que me entristece el saber que te hayan faltado el respeto de esa manera. Quiero que escuches también desde lo más profundo de mi corazón que te amo, te valoro y nada cambiará lo que siento. Veo tu belleza indestructible y celebro el que seas una vencedora. Eres fuerte y resiliente."]

❝❝ CITA PADRE E HIJA #38:
Preguntas acerca del acoso y el acoso cibernético

Cada generación se identifica con un nombre diferente, por ejemplo, La Generación Silenciosa, y los Baby Boomers. Si tu hija nació entre el año 2001 y el 2013, es parte de la Generación Z, una generación que ha sido marcada por la tecnología y el internet. Consecuentemente, los chicos de la Generación Z, se describe son los más dependientes de la tecnología e individualistas hasta el momento.[17] Y si tu hija nace entre el 2010 y el 2024, será parte de la generación Alpha, un grupo influenciado por diversidad racial, hogares transitorios, y conocimiento tecnológico superior.[18]

Este contexto cultural establece una base para examinar el tema del acoso en el siglo veintiuno, porque se ve muy diferente ahora de cómo se veía en nuestro tiempo.

La diferencia básica es que las tácticas en línea, que logran el mismo propósito de dominio, han superado el acoso físico. Más aún, el acoso cibernético ha llevado los principios de intimidación y de amenaza a otro nivel, una realidad que muchas de nuestras hijas han experimentado, ya sea en carne propia o conocen a alguien que lo ha vivido.

El acoso cibernético, también llamado ciberacoso, es el uso de la comunicación digital para ejercer bullying o acoso a otra persona. Como un estimado de 9 de 10 adultos americanos (96%)[19] tienen un aparato móvil, es posible que tu hija viva con la preocupación de que su información privada llegue a las manos equivocadas o de que algo que hizo o dijo pueda ser utilizado en su contra por ese medio. Un tipo específico de acoso indirecto, pero altamente preocupante es por medio del uso de aplicaciones que tienen un sistema de clasificación pública que definen la "popularidad" de otra persona.[20]

Aunque tu hija no haya sido expuesta aún al acoso cibernético o ciberacoso, debes estar al tanto de su mundo para estar preparado a ser de ayuda para ella cuando pase por esa experiencia.

LA HISTORIA DE LAUREN Y MOLLY

Lauren es una chica bella, inteligente quien ha sufrido el impacto destructivo de victimización en su infancia. En sus palabras, *"Aun recuerdo claramente cada experiencia de tortura por la cual me hicieron pasar en el séptimo y octavo grado. Tenía miedo de ir a la escuela, mis notas comenzaron a bajar, tenía miedo de contestar el teléfono, y buscar lugares en donde esconderme dentro del campus era mi rutina diaria. Durante ese tiempo, luché contra la depresión y llegué al punto de quererme quitar mi propia vida. Se por experiencia lo que duele el que te llamen por sobrenombres, lo que duele que te amenacen y sentir que estás completamente sola."*

Alimentadas por sus experiencias traumatizantes, Lauren Paul y Molly Thompson fundaron una organización internacionalmente reconocida, Kind Campaign,[21]

Para hacer conciencia a nivel nacional acerca de los efectos negativos y duraderos del acoso o bullying de chica a chica, inspirandolas a mantenerse firmes. Si deseas más información, su sitio web es www.kindcampaign.com.

Para ilustrar de una mejor manera las tristes dinámicas entretejidas en estas historias, Lauren y Molly compartieron también acerca de una chica en la escuela intermedia, quien no tenía permitido sentarse a comer en la mesa de las chicas populares a la hora del almuerzo a menos que pudiese demostrar que tenía cierto número de me gusta en sus redes sociales. Finalmente confesó que había creado un perfil de Instagram falso y que pasaba horas cada noche dando un me gusta a sus propias publicaciones simplemente para que le permitiera sentarse en esa mesa.

Esto hace que nos preguntemos lo obvio: *¿Por qué una chica iría tan lejos para ser incluida en un grupo de chicas pesadas quienes actúan con crueldad hacia ella?*

La respuesta: **El objetivo que tienen muchas chicas de encajar y pertenecer, es el que las lleva a tomar medidas extremas simplemente para ser aceptadas.** Tristemente, muchas veces los padres no tienen idea que sus hijas están viviendo este tipo de situaciones. Por eso, hay una gran necesidad de que tú, papá, inicies esta conversación con tu hija.

Las siguientes preguntas te ayudarán a tener una mejor visión acerca de cómo es en realidad para tu hija el acoso y los intercambios cibernéticos.

Aunque el acoso puede suceder tanto a chicos como a chicas, las interacciones de los chicos tienden a ser más físicas, las de las chicas, en cambio, tienden a ser más verbales y relacionales. Habiendo dicho eso, el acoso cibernético puede ser una manera para que las palabras hirientes afecten el equilibrio emocional de tu hija.

En esta conversación, le darás a tu hija la oportunidad de expresar cosas que quizá no ha podido decir abiertamente en el pasado (excepto a sus amigos cercanos). Esta es tu oportunidad de entenderla mejor y de animarla a hablar honestamente, no importando si es víctima o agresora.

Esta es una manera de abordar el tema: "Hola, hija. Se que el acoso o bullying no es nada nuevo, sucedía cuando yo era niño, pero la Dra. Michelle dice que se ve diferente para las chicas que para los chicos. Me gustaría escuchar más acerca de tu experiencia en el área del acoso y/o el ciberacoso. ¿Estarías dispuesta a hablar de este tema?"

1. ¿Cómo definirías el *acoso*? ¿Cómo definirías el *ciberacoso*?

2. Así es como yo definiría el acoso y el *ciberacoso* . . .

3. En tu experiencia, crees que el acoso y el ciberacoso sucede tanto entre chicos y chicas, ¿o consideras que

son diferentes para ambos géneros? ¿Cuáles son las diferencias?

4. Basado en lo que dice la Dra. Michelle, la mayoría de las chicas han experimentado acoso de parte de otras chicas, oscilando entre chismes y publicaciones hirientes en redes sociales. ¿Has sido maltratada por otra chica, ya sea cara a cara o en línea?

5. ¿Alguna vez te ha maltratado un chico, o has sido acosada o ciberacosada en público o privado, quizá en algún lugar en donde nadie vio lo que te sucedió?

6. ¿Cómo fue para ti vivir esas experiencias ya sea por parte de chicos o chicas?

7. ¿Has sido testigo de alguien que experimentó el acoso o ciberacoso? Si es así, ¿cómo respondiste a eso?

8. Se que esto puede ser difícil de admitir, pero me gustaría que tuviésemos una conversación honesta acerca del tema. ¿Alguna vez has acosado o ciberacosado a alguien? [Papá, este sería un buen momento para abrir tu corazón acerca de un momento en el que hayas sido acosado o ciberacosado.]

9. He escuchado un dicho: *Las personas heridas hieren personas*, lo cual significa que cuando alguien ha sido víctima de maltrato, tiende a tomar represalias para no ser herido de nuevo, haciendo lo que sea para mantener una posición dominante. ¿Qué piensas acerca de esto? ¿Puedes identificarte?

10. Hablemos acerca de cómo podemos marcar una diferencia en este mundo, cuando vemos a alguien que está siendo víctima de maltrato o acoso. No podemos cambiar a otros, pero sí podemos cambiar la atmósfera a nuestro alrededor de cómo lideramos, reaccionamos e interactuamos. ¿Qué harías para disminuir el acoso a tu alrededor?

❝❝ CITA PADRE E HIJA #39:

Preguntas acerca de la pornografía

Estudios han dicho que una mayor cantidad de hombres ven a la pornografía más aceptable que las mujeres. Pero hay cada día más evidencia del aumento de consumo de pornografía en las mujeres, con un estudio que comprueba que el 30 por ciento de consumidoras de pornografía en línea son ahora mujeres.[22] Papá, aunque propiciar una conversación con tu hija acerca de este tema puede ser incomodo, la invitará a compartir sus opiniones y pensamientos, quizá también sus luchas en esta área, ahora que sabemos que no es solamente un *"problema de hombres."*

De que vale saber que cuando alguien ve pornografía, aunque sea una sola vez, activa neurotransmisores en el cerebro, como dopamina (el centro de nuestro placer) y serotonina (el centro de nuestra alegría), lo cual incrementa el deseo de experiencias similares con una sed de ser reforzadas.[23]

*Las siguientes preguntas probablemente serán difíciles de preguntarle a tu hija, si eres consumidor de pornografía. Pero si este es un problema que ya superaste, y tu hija es lo suficientemente madura para hablar de eso, puedes utilizar esta oportunidad para compartir porque no quieres que ella tenga que lidiar con algo que tu viviste. **Muchas veces las lecciones más duras que hayas aprendido, pueden llegar a ser unas grandes maestras.***

Si deseas prepararte para esta discusión, te animo a leer la información disponible en este sitio web: www.fightthenewdrug.org/ fet-the-facts/.

Esta es una manera de abordar el tema: "Hola, hija. Se que la pornografía puede ser atractiva para cualquier persona, sea un chico o una chica. También sé que la exposición a la pornografía puede llevarte a sentir culpa y vergüenza a medida que recuerdes las imágenes que viste. Quiero que sepas que el propósito de tener esta conversación contigo no es darte una lección o un sermón. En cambio, quiero tener un diálogo abierto y honesto acerca de esto, aunque sea difícil e incómodo para nosotros. ¿Qué dices?"

1. En tu círculo de amigos, ¿ver pornografía es considerado algo positivo, negativo o neutral?

2. ¿Cuál es tu percepción, tus pensamientos, y/o convicciones acerca de ver pornografía? ¿Crees que es bueno o malo, normal o anormal, sano o insano?

3. ¿Qué le dirías (o que le hubieses dicho) a alguien que cree que ver pornografía es algo sano o parte de la sexualidad?

4. ¿Qué le dirías a alguien que te pide que veas pornografía o que te envía enlaces para que veas contenido pornográfico?

5. La pornografía promueve actos de violencia en contra de las mujeres, ¿Qué impacto consideras que tiene el estar expuestos a este tipo de contenido en la relación entre hombres y mujeres?

6. Debido al fácil acceso, primordialmente por medio de los teléfonos móviles, la pornografía ha invadido nuestros hogares, escuelas, relaciones y lugares de trabajo. ¿Qué efecto consideras que tiene la pornografía en nuestra nación?

7. Los expertos dicen que la pornografía puede cambiar nuestros cerebros porque la exposición constante hace que nuestros centros de placer deseen más estimulación. Dicen que esto hace que sea difícil el poder involucrarse en una relación verdadera porque las relaciones ficticias son más satisfactorias. ¿Qué piensas acerca de esto?

8. Asumo que la siguiente pregunta será difícil de responder, pero como todos luchamos de maneras diferentes y como me importan mucho todas las áreas de tu vida, quiero preguntarte: ¿Has visto pornografía en algún momento, ya sea en línea o de manera impresa?

9. Si algún día te enfrentas con esta lucha, quiero que sepas que siempre puedes hablar conmigo acerca de eso. Porque los estudios confirman que el descontinuar la exposición a la pornografía puede desintoxicar el cerebro, disminuyendo el deseo, estoy aquí para apoyarte en reentrenar a tu cerebro a voltear a ver en otra dirección cuando te sientas tentada.

[*Termina diciéndole esto:* "Esta es la razón por la cual considero que la pornografía no es una elección sana o sabia para mí, para ti y para cualquier persona ..."]

❝❝CITA PADRE E HIJA #40:
Preguntas acerca de la atracción hacia el mismo sexo, orientación sexual, e identidad de género.

Papá, como sabrás, tu hija está creciendo en una cultura que fomenta la exploración, en la que la ambigüedad sexual es cada vez más común y en la que la identidad sexual es continuamente fluida. Como resultado, quizá ella no sepa lo que necesita para poder procesarlo. **Aquí es donde le darás un regalo muy preciado, creando un espacio seguro para que ella pueda hablar acerca de esto contigo.**

Para algunos de ustedes, quizá este no sea un tema difícil de abordar con sus hijas, para otros puede que sea un verdadero reto. Lo último es que tus creencias personales no coinciden con las de ella, particularmente si ya "*salió del closet*" y tú te encuentras en una lucha con eso.

Te recomiendo abordar esta conversación si y sólo si te encuentras emocionalmente estable. Te invito a hacerte esta pregunta que utiliza mi amigo, Steve Pringle, para evaluar las respuestas que le da a su hija adolescente: "**¿Es más importante ganar su corazón o ganar esta discusión?**"

Si prefieres ganar esta discusión, te recomiendo aplazar esta conversación. Si abordas a tu hija con una actitud imponente, buscando dominarla, atacar su posición, sermonearla, hacerla de menos o avergonzarla, será contraproducente y le hará daño a la relación entre ustedes dos. Esto puede hacer que el puente que los une se destruya por completo causando daños colaterales.

Sin embargo, si abordas a tu hija con gentileza, con una verdadera disposición de escucharla sin una agenda oculta de hacerle saber lo que piensas y lo que sientes, entonces ella sentirá tu apertura y respeto. Esto incrementará tu posibilidad de tener una interacción positiva con ella.

A lo largo de mis tres décadas de práctica como especialista en salud mental, he charlado con un buen número de padres acerca de estos temas, puedo asegurarte que no es una conversación exactamente igual con todos. Por eso, decidí incluir este tema en el cuestionario de citas padre e hija, para ayudarte a generar *más* palabras acerca de este tema, y *no menos*, aunque esas palabras sean difíciles de encontrar y aún más de expresar de manera proactiva.

Si tu hija se encuentra procesando más complejidad alrededor de su sexualidad, como ser transgénero, bisexual, no binario, o se identifica como sin género (alguien que experimenta el ser tanto femenino como masculino), ten la libertad de adaptar las siguientes preguntas según tu necesidad.

Si estás listo para iniciar esta conversación, sabiendo que será un diálogo continuo, esta es una manera de abordar el tema con tu hija: "Hola, hija. Sé que esta conversación puede ser un desafío, pero porque te amo y porque realmente quisiera comprenderte mejor, me pregunto si podemos tener una conversación honesta acerca de dónde te encuentras en cuanto a tu orientación sexual, identidad de género y/o atracción a tu mismo sexo. No estoy tratando de cambiar tu mentalidad o imponer mis creencias, así que si necesitas en algún momento parar, hazmelo saber y yo respetaré tu decisión. Pero si estás dispuesta a intentarlo, yo utilizaré el guión de la Dra. Michelle para llevar la conversación y asegurarnos de que caminemos hacia una dirección positiva. ¿Qué te parece?"

Preguntas sobre la atracción al mismo sexo:

1. ¿A qué edad recuerdas haberte sentido atraída hacia chicas/mujeres?
2. No sé cómo preguntar esto, y tú no tienes que responder si no deseas hacerlo, pero ¿Qué es lo que te atrae a las chicas/mujeres?
3. ¿Tus amigos saben acerca de esta parte de tu vida? Si es así, ¿Qué tipo de respuesta has escuchado de su parte?, si no les has dicho aún, ¿Por qué no lo has hecho?
4. ¿Alguna vez se han burlado de ti, te han criticado o

juzgado al enterarse que estabas interesada o que estabas en una relación con una chica/mujer?

5. ¿Te consideras gay? Si es así, ¿es ese el término que prefieres utilizar o prefieres describirte de otra manera?

6. Quiero ver a través de tus ojos cuando te pregunto cómo es ser gay (o "sentirte atraída a las mujeres") en tu vida cotidiana. ¿Cuál es la mejor parte? ¿Cuál es la peor parte? ¿Existe una parte peor?

7. Quiero que sepas que te amo y que siempre lo haré. ¿En algún momento te he hecho sentir que no eres digna de amor, que no eres aceptada, o indigna porque sientes atracción a chicas/mujeres, o por alguna otra razón?

8. ¿Consideras que mis acciones te hacen difícil estar a mi alrededor, especialmente ahora que estás procesando estas cosas?

9. ¿Cómo puedo apoyarte ahora que ya hemos charlado honestamente y que todo esto está expuesto y a la vista?

Preguntas sobre la orientación sexual o identidad de género:

1. ¿Has conocido a alguien que ha sido objeto de burla o que ha sido criticado por su sexualidad o por su orientación sexual?

2. ¿Qué piensas/crees/opinas o cuales son tus convicciones acerca de que alguien sea heterosexual, homosexual, transgénero, bisexual, no binario, o sin género (alguien que experimenta los géneros masculino y femenino)?

3. ¿Cómo describes el ambiente cultural que te rodea, como respuesta a alguien que dice que él o ella es heterosexual? ¿Crees que es aceptado o crees que la exploración sexual es lo que se celebra y se promueve, e incluso se cuestiona, y cómo te impacta eso?

4. ¿Cómo ves tu propia sexualidad? ¿Te describirías utilizando alguno de los términos anteriormente mencionados (#2) ¿O te describes de otra manera?

5. Quiero que sepas que te amo y que siempre lo haré.

¿Alguna vez te he hecho sentir que no eres digna de amor, aceptación, o que no eres digna de valor por tu sexualidad o por alguna otra razón?

6. ¿Hay algo en mis creencias, convicciones o actitudes que te hagan sustraerte, o que hagan que el hablar conmigo acerca de estos temas sea difícil?

7. ¿Cómo puedo apoyarte más ahora que hemos hablado honestamente y ahora que todo está al descubierto?

8. ¿Estarías dispuesta a escuchar mis pensamientos/ creencias/convicciones/opiniones acerca de la sexualidad? Mi objetivo no es sermonear, dominar, avergonzarte o hacerte de menos, pero apreciaría el poder compartir lo que está en mi corazón contigo por unos minutos. ¿Estarías de acuerdo? [Si ella dice que no, debes honrarla y terminar la conversación en ese momento. quizá ella estará dispuesta a escuchar de tu parte en otro momento. Tu respuesta cálida el día de hoy, será un fundamento para el futuro, aún si ella no quiere escuchar lo que piensas ahora mismo.]

Papá, este es el momento de construir tu aptitud y confianza a medida que inviertes en la vida de tu hija, charlando con ella acerca de estos temas, liderando una búsqueda ejemplar con intención audaz y valentía. Con un fundamento de honor, amor y respeto.

[Papá, si deseas afirmar a tu hija por lo bella que es y celebrar sus dones y carácter, este es un excelente momento para darle palabras de vida y aliento por escrito para que pueda leerlo. Muchas chicas/mujeres que "salen del closet" comparten que previo a su declaración, han sufrido por años, tanto públicamente como de manera privada. Así que cualquier tipo de ánimo y palabras positivas pueden ayudar a compensar la negatividad que ya ha experimentado. Como dice en Proverbios 18:21 "En la lengua hay poder de vida y muerte" lo cual significa que tus palabras tienen el poder de sanar o de destruir. Confío en que elegirás sabiamente.]

❝❝CITA PADRE E HIJA #41:
Preguntas sobre los desórdenes alimenticios y/o alimentación desordenada

Estadísticas recientes revelan que al menos 20 millones de mujeres y 10 millones de hombres en Los Estados Unidos tienen un desorden alimenticio, lo cual se traduce a el 8 por ciento de la población.[24] Pero yo, junto con varios de mis estimados colegas, creemos que esa cifra es muy baja.

Para confirmar mi declaración, hace unos años, la revista *Self*, extendió una invitación a un número de mujeres en Estados Unidos para responder una encuesta informal acerca de sus hábitos alimenticios. El resultado fue asombroso, con el 65 por ciento de 4,000 mujeres admitiendo experimentar una alimentación desordenada, y el otro 10 por ciento, reveló tener un desorden alimenticio. Esto se traduce a que 3 de cada 4 mujeres experimentan una relación poco saludable con la comida, un factor que resalta los desafíos que enfrentamos las mujeres todos los días cuando nos vemos influenciadas por la cultura en esta área.[25] No solo eso, también nos vemos altamente influenciadas por los hábitos alimenticios de las mujeres a nuestro alrededor y sus puntos de vista acerca del peso, las tallas, imagen corporal y todo lo relacionado con estos temas.

Como la alimentación desordenada y los desórdenes alimenticios generalmente están ocultos, la conversación que tendrás con tu hija tiene el potencial de hacerla sentir incómoda por verse expuesta o puede que le haga sentir alivio de poder conversar acerca de su lucha. Si identificas un problema en esta área, te recomiendo buscar a un profesional de la salud mental que se especialice en tratamiento para desórdenes alimenticios. También puedes hablar con tu médico de cabecera o visitar www.nationaleating-disorders.org para hallar a un profesional de salud mental cerca de ti.

LA HISTORIA DE LA DOCTORA MICHELLE

Compartí anteriormente acerca de mi historia

con el abuso sexual, lo cual tuvo un impacto en el desarrollo de un desorden alimenticio que viví en mis veintes. Aunque en ese momento no supe que había un diagnóstico oficial o un nombre para la manera en que me relacionaba con la comida, más adelante aprendí que estaba viviendo entre el Trastorno por Atracón (consumir grandes cantidades de comida más allá de un límite usual en un periodo de dos horas) con intervalos intermitentes de anorexia nerviosa (restringiendo la comida y una obsesión por perder peso). Subí alrededor de cincuenta libras en esos años, lo cual simplemente intensificó mis sentimientos preexistentes de auto rechazo y odio personal.

Lo milagroso de mi historia es que después de haber sanado mi interior (principalmente por mi historia de abuso, seguido de exponer las mentiras profundas que había creído acerca de mí y de invitar a Jesús a darme la verdad), es que he tenido el privilegio de tratar desórdenes alimenticios por más de veinte años en mi práctica privada, así como también he tenido el honor de enseñar a estudiantes de educación avanzada y de dar charlas locales y a nivel nacional acerca de este tema. *¡Ahora me alegra decir que soy la prueba de que sanar un desorden alimenticio es posible!*

Papá, si tu hija está luchando con un desorden alimenticio o con alimentación desordenada, podrás ayudar de manera más efectiva si comprendes que los desórdenes **alimenticios no tienen nada que ver con la comida.**

Si, puede parecer que es así, y puedes pensar que si tan solo ella consumiera más comida (o menos), estaría bien. Pero en realidad, los desórdenes alimenticios son un intento de manejar realidades emocionalmente intensas, dolorosas que se encuentran muy dentro, y *siempre* hay algo más sucediendo detrás de este comportamiento destructivo y muchas veces de riesgo.

Es imperativo también que comprendas que los **desórdenes alimenticios no buscan precisamente llamar la atención.** Te animo a obtener más información acerca de este tema tan complejo con el fin de no causar daños involuntariamente al decir algo incorrecto o juzgar a tu hija, y para que puedas validar su lucha sin hacerlo peor. Moderando la siguiente conversación y dándole la libertad de hablar honestamente acerca de sus batallas internas y mentales, su desorden alimenticio comenzará a perder poder sobre ella. **La recuperación es un proceso largo, así que tenlo en mente como su compañero de viaje.**

Las siguientes preguntas están diseñadas para propiciar una conversación acerca de su relación con la comida. Esto será más efectivo si tú también revelas tus propios pensamientos y comportamiento alrededor de la comida y el peso, haciéndole más sencillo a tu hija el hablar honestamente acerca de lo que pasa por su mente.

Esta es una manera de abordar el tema con ella: "Hola, hija. La Dra. Michelle dice que 3 de cada 4 mujeres han reportado su lucha con alimentarse y/o con la comida en general, lo cual significa que puede ser también una realidad para ti que yo quizá no comprenda. No estoy seguro de cómo charlar acerca de esto, así que usaré el guión como apoyo. Si estas dispuesta a tener esta conversación conmigo, estaré muy agradecido porque me ayudaría a tener más sensibilidad y ser de soporte para ti en esta área. ¿Está bien si hablamos acerca de esto?"

1. ¿Cómo definirías los términos *desorden alimenticio* y *alimentación desordenada*?

2. ¿Por qué crees que hay tanta presión sobre las mujeres por ser delgadas? ¿Sientes esa presión, si es así, cómo es para ti?

3. ¿Conoces a alguien que tenga un desorden alimenticio o sospechas que alguien que conoces puede tener un desorden alimenticio?

4. ¿Alguna vez has luchado con un desorden alimenticio o con alimentación desordenada?

5. En tu círculo de amigos, ¿tienen charlas abiertas acerca de restringir la comida (anorexia nerviosa) o atracones de comida (bulimia nerviosa), o tienden a ignorar el tema?

6. ¿Has escuchado acerca de la bulimia del ejercicio como una manera de compensar las calorías por medio del ejercicio? ¿Alguna vez has utilizado el ejercicio de esta manera?

7. ¿Alguna vez has usado laxantes como un método para perder peso?

8. Comprendo que los desórdenes alimenticios y la alimentación desordenada tienen un componente mental significativo; charlas negativas con uno mismo, juzgarse, odiarse y criticarse a sí mismo acompañan al comportamiento de una alimentación insana. ¿Puedes identificarte con eso?

9. ¿Conoces a alguien que ha recibido ayuda por un desorden alimenticio y logró sanar?

10. ¿Hay algo que yo diga o haga que te dificulte más la lucha en esta área de tu vida?

11. Se que hablamos ya acerca de la imagen corporal (Cita padre e hija #17), y este es otro aspecto de tu vida, lo cual me lleva a preguntarte lo siguiente: *¿Cómo ayudarte en tu relación con la comida y la alimentación en general?*

❝❝CITA PADRE E HIJA #42:

Preguntas acerca de cortarse (comportamiento de auto lesionarse deliberadamente)

Para aquellos que trabajan en el campo de la psicología y medicina, *cortarse a sí mismo se define como el comportamiento de auto lesionarse deliberadamente o autolesiones no suicidas.*[26] Y no significa nada el que cortarse no sea un intento de suicidio, es un pedido de auxilio. Para ser más específica, el cortarse es muchas veces la expresión física de dolor muy escondido por medio de un alivio momentáneo y aunque algunos reportan un efecto adormecedor al cortarse, otros lo describen como una forma de castigarse a sí mismos.

Si tu hija está cortándose a sí misma, te exhorto a conocer más acerca del tema en el sitio web To Write Love on Her Arms.[27] También sería de mucha ayuda encontrar un profesional de la salud mental para ayudarle a tu hija a explorar sus raíces emocionales más profundas que necesitan ser liberadas de manera proactiva y constructiva para que pueda sanar.

Las siguientes preguntas están estructuradas de manera que puedas comenzar preguntándole a tu hija si sabe acerca de este problema, luego invitándole a responder preguntas más personales.

Esta es una manera de abordar el tema con tu hija: "Hola, hija. Reconozco que cortarse a sí mismo es algo de lo cual la mayoría de las personas de tu edad ya conocen. Pero es muy nuevo para mí y nunca escuché eso cuando tenía tu edad. ¿Estarías dispuesta a tener una conversación conmigo acerca de ese tema para ayudarme a comprenderte a ti y al mundo en que vives? ¿Qué dices?"

1. ¿Conoces a alguien que ha luchado con cortarse a sí mismo? Si es así, ¿Cómo has interactuado con ellos o de qué manera has intentado ayudarles?

2. ¿Qué crees que lleva a una persona a autolesionarse de esta manera? En otras palabras, ¿De qué manera crees que el cortarse ayuda a una persona a lidiar con sus situaciones?

3. La Dra. Michelle dice que hay muchas razones por las cuales alguien llega a cortarse a sí mismo, quizá una expresión física de un dolor invisible muy profundo, o una manera de liberar estrés estancado dentro, o como una manera de auto castigo. ¿Qué piensas tú acerca de eso?

4. ¿Has intentado cortarte o te has visto tentada a cortarte a ti misma?

5. ¿Tienes dolor o una ruptura en el corazón invisible, escondida o que no hayas expresado de la cual nunca has hablado? ¿Alguna vez te he causado yo ese dolor?

6. Sin intentar ser irrespetuoso hacia el dolor de una persona, ¿alguna vez has pensado que cortarse a sí mismo puede ser una manera de llamar la atención? ¿O crees que esté relacionado con "el poder de la sugestión" ya que otros saben de eso y lo están haciendo? O desde tu punto de vista, ¿estas cosas no tienen nada que ver con cortarse?

7. ¿Qué crees que una persona necesite para poder sanar y dejar de lesionarse de maneras destructivas como esta, la cual deja cicatrices permanentes?

8. Si alguna vez te sientes abrumada al punto de querer cortarte a ti misma, ¿me das tu palabra de que hablarás conmigo acerca de eso? [O de llamarte si no vive contigo.]

❝❝CITA PADRE E HIJA #43:
Preguntas acerca del suicidio y pensamientos suicidas

Quizá no te sorprenda escuchar que mis clientes de consejería periódicamente hablan acerca del suicidio durante sus sesiones. Recientemente, una clienta adolescente admitió que se preguntaba si sería lo suficientemente fuerte para resistir sus propios impulsos suicidas después de haber escuchado que una celebridad se suicidó a pesar de tener acceso a los mejores recursos. Claro que esto le hizo dudar si ella podría ser lo suficientemente confiable como para superar las presiones abrumadoras de la vida.

La Dra. Margo Maine dijo sabiamente que "las estadísticas son el reflejo de personas cuyas lagrimas ya se han secado."[28] Un doloroso escenario para los datos de la CDC que dice que el número de suicidios ha incrementado en Los Estados Unidos un 33 por ciento en las últimas dos décadas.[29] Aún más alarmante es el hecho de que el suicidio es la segunda causa principal de muertes en niños de diez a diecinueve años en Los Estados Unidos; con un número de suicidios en adolescentes incrementando un 58 por ciento en la década pasada.[30] **Esto resalta que debemos hacer un mayor esfuerzo por exponer este tema abiertamente, especialmente con menores.**

Estas son algunas de las señales de que tu hija pueda tener pensamientos suicidas. Asegúrate de identificarlas por grupos, no individualmente.[31]

- **La retracción/más aislamiento** (Cuando alguien se siente desesperado y solo, es fácil rechazar a las demás personas porque no tienen la energía o capacidad de interactuar)
- **Cambios en los patrones de sueño** (menos o más sueño)
- **El no disfrutar actividades que antes disfrutaba**
- **Depresión** (especialmente cuando la tristeza crónica ha durado más de dos o seis meses)
- **Sentimientos de desesperanza** (Mantente atento a expresiones que suenan como que quiere rendirse o indicando que no tiene sentido vivir.)
- **Comportamiento de autolesión** (Estos no siempre son indicadores suicidas, pero al unirlos a otros síntomas, pierden su valor, ya sea con cortarse, actividad sexual desordenada, gastar excesivamente, o cualquier cosa que deba tratarse con cautela, se la lleva el viento.)
- **Aumento en el uso de sustancias/comportamiento adictivo** (drogas, alcohol, videojuegos, o sexo, por nombrar algunos, pueden ser utilizados para adormecer el dolor, particularmente si otras estrategias para soportar no están funcionando.)
- **Cancelar citas/no mantener un compromiso** (Esto puede ser una señal de desconexión con otras personas o desinterés por aquello que antes tuvo valor.)
- **Falta de motivación** (particularmente en áreas que una vez fueron fuente de propósito y sentido.)
- **El que amigos o figuras públicas hayan cometido suicidio recientemente** (Cuando alguien se encuentra luchando con ideas suicidas, puede sentirse influenciada por el "éxito" de otros para acabar con el dolor.)

¿Qué puedes hacer si sospechas que tu hija tiene comportamientos suicidas?

1. **Entabla una conversación con ella acerca del suicidio si estas preocupado acerca de esto, lo cual le hará saber a ella que es seguro tener esta conversación contigo.** (Preguntarle acerca del suicidio no le plantará la idea en su cabeza. En cambio, le dará el permiso a hablar porque "ya no hay gato encerrado.")

2. **Dale validez a su agonía y hazle claro que el suicidio es una solución permanente para un problema temporal.** (Enseñándole a ver más allá de sus problemas actuales mientras le demuestras tu empatía. Eso llegará muy lejos en cuanto a ayudarla a interiorizar tu esperanza y fortaleza.)

3. **Dile que estarías destrozado si ella llegase a quitarse la vida, incluyendo que te importaría si ella ya no está.** (Los expertos dicen que muchas veces una persona permanecerá viva para alguien más, no tanto por sí misma. Cuando comunicamos compasión y cuidado, podemos ser su salvavidas.)

4. **Pregúntale si siente que quiere morir o si tiene un plan suicida, porque son dos cosas muy diferentes.** Si tiene un plan, debes tomar acción de inmediato para mantenerla a salvo, esto incluye pedir ayuda o quizá hospitalizarla. (Al preguntar directamente "¿eres suicida?" la animas a ella a ser honesta contigo y con sí misma.) Observa su lenguaje corporal porque te revelará de manera significativa lo que sucede en su interior. (Ejemplo: Cabeza abajo, falta de contacto visual, lágrimas incontrolables, etc.). Debes estar dispuesto a arriesgar un potencial enojo al intervenir y darle la ayuda que necesita.

5. **Asegúrale que quieres que te llame 24/7 si tiene pensamientos, impulsos o un plan suicida.** (Hazle saber que encontraras una manera de darle apoyo o de buscar ayuda en cualquier momento del día o noche si está en un punto de desesperanza intensa o si está sola.)Un aspecto de este tema que necesita ser abordado. Rara vez,

hay familiares o amigos que saben acerca de la situación previo a un evento catastrófico. Este patrón parece ser consistente cuando el dolor se esconde de la vista de los demás "poniendo buena cara." Sabiendo qué buscar, tendrás una mejor oportunidad de identificar los síntomas que revelan que tu hija puede estarse hundiendo en su desesperación.

Papá, sé que este tema es pesado e intenso, y sé que hay mucho que asimilar. Sin embargo, por amor a tu hija, debes sumergirte a lo más profundo con ella para evitar que se encuentre navegando en estas aguas sola. **Escúchame cuando te digo que hablar con ella acerca de lo que está experimentando y acerca de sus temores llegará muy lejos, le ayudará a expresar sus preguntas y a liberar sus emociones mientras logra obtener una mejor perspectiva de tu parte en este proceso.**

Asegúrate de nunca sugerir o decirle a tu hija directamente que no consideras que sus problemas son lo suficientemente sustanciales para ameritar el suicidio. Haz un compromiso por nunca darle la impresión de que sus emociones están "fuera de proporción" que son insignificantes, o que no se trata de problemas "reales". En cambio, hazle saber que quieres ver por medio de sus ojos eso que la está atormentando. **La empatía siempre toca un corazón adolorido.**

Las siguientes preguntas servirán de guía para que hables con tu hija acerca del suicidio, sabiendo que hay una posibilidad de que ella jamás haya luchado con pensamientos o impulsos suicidas pero que puede hacerlo en algún punto de su vida. Este guión será la base para una interacción acerca de este tema contigo.

Esta es una manera de abordar el tema con ella: "Hola, hija. Quiero hacerte una invitación a charlar conmigo acerca de un tema muy fuerte: el suicidio. Aunque no hayas enfrentado una lucha con esto antes, quizá tengas amigos que han considerado o intentado suicidarse, lo cual es una carga muy fuerte para que lleves. Y sin importar lo que me digas, quiero que sepas que estoy contigo en esto, no estás sola. ¿Estarías dispuesta a hablar de este tema conmigo?"

1. ¿Tienes amigos que han considerado el suicidio? Si es así, ¿Cómo manejaste el conocer la situación?
2. ¿Has sabido de alguien que se suicidó, ya sea un amigo personal o un conocido? Si es así, Qué impacto tuvo sobre ti?
3. ¿Qué consideras que lleva a una persona a ese lugar en el que creen que la única solución a sus problemas es quitarse la vida?
4. ¿Qué crees que las personas necesitan para realmente sanar ese dolor que los lleva a suicidarse?
5. Esta es una pregunta atrevida, pero quiero hacértela: ¿Alguna vez has contemplado o intentado suicidarte? Quiero que sepas que puedes ser muy honesta conmigo.

Te prometo estar disponible para ti 24/7, y si te sientes suicida o te encuentras en un lugar oscuro, ¿prometes hacérmelo saber? Yo te acompañaré y juntos encontraremos el soporte que necesitas, en especial a un consejero que se especialice en esta área. [Papá, termina con lo siguiente: "Por favor escúchame cuando te digo que, si tu llegases a acabar con tu vida, para mi sería ..."]

11. ENSÉÑALE A LAMENTAR

En esta sección de guiones, tu objetivo es acercarte lo suficientemente a tu hija como para escuchar lo que hiere su corazón y sus anhelos más profundos, también es un momento para compensar cualquier dolor que le has causado.

Recientemente durante una sesión de consejería que tuve con una pareja de esposos, invité a la esposa a leer una serie de mensajes de texto muy ofensivos que había recibido de parte de su esposo tres meses atrás. Estos mensajes la habían devastado por completo, entonces mi objetivo era el exponerlo todo e intentar ayudarle a ella a dejar de repetirse estas palabras tan dañinas en su cabeza. Algo que nos pareció muy interesante es que él no recordaba haber escrito nada, sin embargo, ella recordaba cada palabra . . . *textualmente* (estoy segura de que esto no te sorprende).

Aquí hay una verdad muy importante a considerar: **En medio de conflictos interpersonales, el receptor de la interacción hiriente tiende a recordar los detalles por más tiempo y con más claridad que quien dijo las palabras o accionó.** Y aunque los científicos han comprobado que quien fue herido recuerda de manera equivocada cada evento en específico, potencialmente causando con el paso del tiempo una distorsión cognitiva, generalmente, se debe honrar a la persona que fue herida y como recuerda su experiencia.

Cuando se trata de relaciones entre padres e hijas, te garantizo que tu hija recuerda tus arranques y explosiones (Ejemplo: Palabras hirientes que has proferido o comportamientos hirientes hacia ella) con más claridad que tú.

Por eso, tu, papá, debes aprovechar esta oportunidad para propiciar una conversación con tu hija, escuchando de qué manera la has herido, con el objetivo de ser un catalizador para su proceso curativo. Si escuchas sus palabras con apertura y con la disposición de pedir perdón, le estás dando a ella un regalo invaluable. Sin honestidad y sin arrepentimiento, ambos se quedarán estancados en la falta de perdón, disminuyendo así la posibilidad de restaurar su relación.

Si eres su líder en este aspecto, estarás viviendo en carne propia lo que instruyó el Apóstol Pablo, quien escribió: *"Si es posible, y en cuanto dependa de ustedes, vivan en paz con todos."* (Romanos 12:18 NVI). Adaptado ahora para padres e hijas, esta es mi frase: **"Papá, toma la iniciativa de buscar la paz con tu hija cueste lo que cueste, especialmente si eres tú quien le ha causado dolor"** y como dice el sabio Maxim, *"Una disculpa sin cambio es manipulación solamente."*

Antes de sumergirnos en esta sección de guiones, quiero resaltar dos maneras principales en que un padre puede herir a su hija:

1. **Heridas paternales** son cosas que un padre hace que causen dolor o daño físico, verbal, sexual, emocional, una herida espiritual o abuso.

2. **Vacíos Paternales** son cosas que un padre *no hace* y como consecuencia, causa dolor, o un daño como, negligencia, promesas incumplidas, compromisos rotos, no pasar tiempo juntos, y/o la falta de inversión financiera, emocional, física, relacional, o espiritual. Algunos prefieren utilizar el término **aspiradoras paternales** para describir la manera en que los padres *succionaron sus vidas*. Mi mentor de más de veinte años y un experto líder en trauma, el Dr. Jim Friesen, confirma que la ausencia es muchas veces más difícil de sanar que las heridas, y porque no hay algo específico que identificar, constantemente resulta en minimizar el impacto, tanto del ofendido como del agresor.

Como resultado de heridas o vacíos paternales, una respuesta típica por parte de una mujer es autoprotección, construyendo muros emocionales, convenciéndonos a nosotras mismas de que no estamos heridas, que no nos importa, que no sentimos el dolor y que no necesitamos a nuestro papá. Sin embargo, la negación lleva a más sufrimiento, ya sea personal o interpersonal porque no está conectado a la realidad.

Además, **una hija cuyo padre no es parte de su vida, tendrá problemas para permanecer de pie con confianza en sí misma.** (Esta no es mi opinión solamente; estudios lo confirman. Está claro que una mujer crece a pesar de una relación quebrantada con su padre, pero muchas afirman que el impacto si es significativo, muchas veces devastador.) Reconozco que muchas veces, situaciones extenuantes requieren distanciamiento de un padre, pero la mayoría de las niñas y mujeres admiten que representa un reto para ellas el vivir con libertad por causa de la pérdida de relación con sus papás, ya sea por fallecimiento o alejamiento.

No hay mejor momento que el presente para tomar acción y sanar la relación con tu hija. Ambos verán una mejoría. Si acaso tu hija no quiere ser parte de este proceso contigo, se paciente y mantente en oración por una puerta abierta. Y a medida que hagas el trabajo preliminar en ti, estarás preparado para la conversación cuando ella lo esté. (Ver apéndice A: Preparándote para reconciliarte con tu hija distanciada.)

Papá, te recomiendo estudiar tus propias heridas paternales antes de guiar a tu hija a ver las suyas. El haber enfrentado tus heridas primero, te ayudará a no reaccionar de manera impulsiva cuando tu hija comparta contigo las heridas que le has causado.

Para ilustrarte que nunca es muy tarde para que un padre enmiende, fortalezca y sane la relación con su hija, te comparto la increíble historia de una mujer de dieciocho años.

LA HISTORIA DE CATIE

"Solía odiar a mi padre. ¡Realmente lo ODIABA! Pero él no tenía idea. Lo guardaba todo dentro de mí. Pero ahora puedo decir con honestidad que él se ha convertido en uno de mis mejores amigos. El año pasado, él decidió ser más intencional y ayudó a construir la relación que hoy tenemos. Ahora, tengo el papá que siempre quise.

Mi cuñado abordó a mi papá buscando consejo para un futuro padre primerizo de una hija. Alabó a mi papá, diciendo que había visto un cambio en su comportamiento en general hacia sus hijos, no solo en la relación que tenía con sus hijas sino también con su hijo. ¡Quisiera que todo padre supiera que cuando se toma la decisión de realmente conectar con sus hijos, todos ganan!"

Este es el momento de buscar el corazón de tu hija de manera proactiva. Y si la has herido, es momento de propiciar una conversación para enmendar tus errores y para que ella—*y tú*— puedan trabajar juntos y sanar. Yo te ayudaré a alcanzar tu meta.

❝❝CITA PADRE E HIJA #44:
Preguntas de cómo compensar por palabras dolorosas que has dicho

A medida que con valentía le preguntes a tu hija cuál ha sido su experiencia contigo, le darás una oportunidad de revelar cualquier palabra hiriente que profesaste sobre ella. Quizá algunas las recuerdes y otras las hayas olvidado. Cuando la escuches, puede que no estés de acuerdo con su interpretación de "los hechos" (según como lo recuerdes tú), o puede que creas que te escuchó erróneamente, que te malinterpretó, o que no interpretó tus intenciones de la manera correcta.

Reconozco que esto requerirá de la paciencia de Job y de la sabiduría de Salomón para hacer estas preguntas y *realmente* escuchar sus respuestas. Sin embargo, es vital el que recuerdes que estás buscando validar la manera en que se aferra a las heridas que le causaste, no lo contrario. Este es el primer paso en el proceso de compensar y enmendar tus respuestas dolorosas para dar lugar a la sanidad.

Las siguientes preguntas te darán las herramientas para liderar la siguiente conversación a medida que escuchas con humildad y sin estar a la defensiva buscando ganar el corazón de tu hija, no ganar la discusión.

Esta puede ser una conversación difícil de tener, especialmente si has respondido con enojo en el pasado. Puede que tu hija se sienta segura respondiendo las preguntas por escrito solamente, no en persona. Si es así, puedes invitarla a escribir sus respuestas y enviártelas electrónicamente o por correo.

Esta es una manera de abordar el tema: "Hola, hija. Hay una cita muy impactante que dice, 'Las palabras una vez expresadas y los corazones una vez rotos, son lo más difícil de reparar'. Quiero que tengamos una conversación arriesgada acerca de cómo mis palabras te han afectado a lo largo de los años, tanto positivas como negativas. Estaré extremadamente agradecido si estas dispuesta a abrir tu corazón porque se requiere coraje para tener este tipo de diálogo auténtico. Por favor quiero que sepas por adelantado que quiero comprenderte conforme escuche lo que está en tu corazón y todo aquello que te duele, para que podamos tener una mejor relación. Te prometo no enojarme o estar a la defensiva. ¿Estarías dispuesta a tener esta conversación conmigo? Si crees que es mucho pedir, ¿considerarías escribir tus respuestas y enviármelas?"

1. ¿Recuerdas palabras específicas que te he dicho que han quedado grabadas y que te han ayudado a sentirte mejor contigo misma?

2. ¿Cómo te hicieron sentir mis palabras positivas en ese momento? ¿Cómo te hacen sentir ahora?

3. ¿Recuerdas palabras específicas que te he dicho que han quedado grabadas y que te han hecho sentir peor contigo misma?

4. ¿Cómo te hicieron sentir mis palabras negativas o hirientes en ese momento? ¿Cómo te hacen sentir ahora?

5. ¿Puedes recordar algún momento o momentos en que *no* te dije algo que hubieses querido que te dijera, y qué mensaje te comunique al no responder de manera positiva?

[*Papá, si esto refleja lo que está en tu corazón, dile a tu hija lo siguiente:* "Admito que no siempre te he hablado de la manera que en realidad reflejan mi amor por ti, y algunas veces me dejo llevar por mi reacción en lugar de responder correctamente. Pero en mi corazón deseo aportar a tu vida para edificarla, no para destruirla. Perdóname por . . . (se específico en mencionar esas palabras hirientes al pedirle perdón). ¿Por favor me perdonas por . . . (de nuevo, se específico?) Este es mi compromiso hacia ti de ahora en adelante . . . "]

❝❝CITA PADRE E HIJA #45:
Preguntas acerca de las heridas que ella tenga a causa de su padre— *causa tuya*

Algunas niñas y mujeres están hechas con un corazón tierno y un espíritu amable, lo cual puede resultar en que guarden para sí mismas sus pensamientos o sentimientos para no molestar o herir a sus padres. Otras evaden el conflicto, muchas veces por miedo a las repercusiones, por ejemplo, ver a sus padres enojados o tristes. Si tu hija está programada de alguna de las maneras ante-riores, quizá prefiera escribir sus respuestas, porque la interacción cara a cara puede resultar muy abrumadora.

Las siguientes preguntas te darán una guía para enmendar y compensar cualquier herida (Ejemplo: Verbal, física, etc.) que le has causado a tu hija y que aún esté ahí presente en su vida. Aun-que consideres que las cosas están muy bien entre ustedes, es una buena idea asegurarse de que todo esté claro.

Si sientes remordimiento genuino al escuchar lo que tu hija com-parte contigo, enmiéndalo en el momento justo después de cada respuesta. No tienes que esperar hasta el final de tu cita padre e hija para pedir perdón. Mírala a los ojos sin una actitud defensiva y simplemente di, "Siento mucho haber ... Me perdonarías por ..."

[Se específico basándote en lo que ella te ha revelado].

Esta es una manera de abordar el tema con ella: "Hola, hija. La Dra. Michelle dice que algunas hijas prefieren no hacerles saber a sus padres de qué manera las han herido, ya sea porque le temen a una reacción negativa o porque no quieren causarles dolor. Espero que a medida que hablemos acerca de las heridas paternas, ya sea en persona o por escrito, puedas decirme si hay algo que no he escuchado de tu parte acerca de cómo te he herido. Si no lo recuerdas ahora, pero lo recuerdas después, ¿es-tarías dispuesta a decírmelo entonces? Y si en algún momento crees que ya es suficiente o no quieres decirme lo que piensas, simplemente házmelo saber. Podemos hacer una pausa y conti-nuar la conversación en otro momento. ¿Qué te parece?"

1. Comencemos por hablar acerca de nuestra relación en este momento. ¿Consideras que somos tan cercanos como tú quisieras que fuéramos? Si es así, me gustaría escuchar más acerca de lo que significa para ti. Si no es así, ¿Por qué crees que no estamos cerca el uno del otro?

2. ¿Qué quisieras que fuera diferente acerca de la manera en que nos relacionamos el uno con el otro?

3. ¿Cuál es uno de los mejores recuerdos que tienes conmigo?

4. ¿Cuál es uno de los recuerdos más duros o dolorosos que tienes conmigo?

5. ¿Recuerdas momentos en el que herí tus sentimientos con algo que te dije o que te hice? Quiero saber acerca de ellos para que no tengas que llevar más esas heridas contigo o para que ya no creas mentiras acerca de ti como consecuencia de esas mismas heridas.

6. ¿Recuerdas algún momento en que me perdí de algo o en que no hice algo que era importante para ti, como no llegar a un evento, no darme cuenta de cómo mi respuesta te hirió, o simplemente no ver cuán herida te encontrabas, lo cual me hizo insensible?

7. Me encantaría tu honestidad en la siguiente pregunta: ¿En qué aspecto no estoy siendo un buen padre para ti en este momento?

8. ¿Hay algo acerca de ti que me ayudaría a ser un mejor padre si tan solo lo comprendiera?

[Papá, si esto refleja lo que está en tu corazón, dile a tu hija, "Gracias por ser honesta conmigo. Ahora entiendo más acerca de las maneras en que te he herido, y quiero enmendarlo. Realmente siento mucho haber ... (se específico en mencionar las maneras en que la has herido, basándote en sus respuestas). Por favor, perdóname por ... (se especificó). Me comprometo a esto contigo de ahora en adelante ..."]

CITA PADRE E HIJA #46:

Preguntas acerca del vacío que ella pueda tener a causa de su padre—*a causa tuya*

Los vacíos paternales pueden ser definidos como la ausencia de cosas buenas de parte de un padre hacia su hija. Y cuando hay una falta de depósitos positivos de un padre hacia su hija, ella entonces creerá que no es digna de ser amada porque hay algo que le hace falta. Por eso es imperativo que tengas esta discusión con tu hija, para escucharla, para rendir cuentas y para ayudarle a identificar esas cosas "tus cosas" y no específicamente acerca de ella.

Papá, si le has causado dolor con tu ausencia (la falta de presencia, atención o sensibilidad), **su dolor es más importante que el tuyo.** Debes estar dispuesto a escuchar sin importar cuánto tiempo tarda ella en sentir que has escuchado la historia completa, con emoción y todo, acerca de cómo le has causado heridas. *Así es como comienza la verdadera sanidad.*

Para ilustrar el impacto devastador en la vida de una hija, como resultado de vacíos paternales, quiero mostrarte dos correos electrónicos que recibí recientemente:

Una joven mujer escribió: "Realmente aprecio el trabajo que haces. Comprendes la importancia de la relación entre un padre y su hija y cómo la ausencia del padre puede afectarle a ella. Como una hija que recibió muy poco amor, afecto y poca atención por parte de su padre, entiendo cómo se siente. No tengo una relación cercana con mi papá, a él nunca le importé. No sé lo que sucede con él. Es incapaz de darse cuenta de la necesidad emocional de sus hijos. Ahora tengo veinte años, tengo baja autoestima, ansiedad social moderada y una falta de seguridad en mí misma. Me siento débil e insegura de mi apariencia física. Debido a la falta de atención de mi padre, tengo sed de un padre y busco afecto, atención y amor de otras figuras paternas. Me siento privada de atención y afecto. ¿Cómo puedo superar esto?"

Otra mujer escribió de parte de su hija acogida o adoptiva: "Al navegar por tu sitio web, parece ser que todo está dedicado para hijas cuyos padres están en sus vidas. ¿Tienes alguna recomendación para una niña que jamás ha conocido a su padre,

> y él no tiene intención alguna de conocerla? Le ha enviado mensajes de texto, lo ha llamado, le ha enviado mensajes por Facebook, pero no está disponible para ella, lo cual le ha causado ansiedad y depresión, incluso se corta a sí misma. Ella estaba yendo a consejería en la escuela, pero ya no podrá continuar porque se ha cambiado de escuela. No sabemos cómo ayudarla."

Como puedes leer en estos dos mensajes tan intensos, la complejidad de experiencias compartidas son devastadoras. Y cada vez que escucho de una mujer experimentando esta clase de dolor, mi primera respuesta es mostrar empatía y validar su dolor, y enseguida les apunto en dirección a Abba Padre cómo el verdadero Padre quien jamás las abandonará.

Luego, las exhorto a encontrar un buen consejero con quien puedan navegar este proceso de aprender a enfrentar, sentir, expresar, dejar ir y perdonar, aunque su padre terrenal nunca enmiende sus errores.

El deseo de mi corazón es que todas las mujeres conozcan cuán profundamente amadas son por su Padre Celestial. Y para probar su amor inmenso, en Isaías 49:15-16 Él dice que:

- Sus muros siempre los tiene presentes.
- Nunca se olvidará de ellas.
- Sus nombres han sido grabados en las palmas de Sus Manos. (*¡Una porra para los tatuajes de Dios!*)

Las siguientes preguntas están diseñadas para sacar a luz algunas cosas que tu hija no recibió de ti (la ausencia de cosas buenas) que le han causado dolor o le han hecho daño.

*Sin duda, estas preguntas requerirán de mucho coraje de tu parte para preguntar. Y aunque puede que sea muy difícil escuchar sin dar explicaciones o excusas, debes determinarte a ser humilde con el objetivo de fortalecer, restaurar y/o reconstruir el puente hacia el corazón de tu hija. **No permitas que el contarle tu lado de la historia sea más importante que escuchar su lado de la historia.***

Esta es una manera de abordar el tema con ella: "Hola, hija. Estoy consciente de que puede ser difícil hablar acerca de los momentos en que no estuve presente para ti, o momentos en que perdí la oportunidad de conectar con tu corazón. Sin embargo, quisiera escuchar acerca de cómo te he herido al no responder de la manera que necesitabas o que merecías. Si estás dispuesta a expresar tus sentimientos y tus pensamientos, me gustaría escuchar sin tomar una actitud defensiva. Pero si es muy difícil hablarme en persona, ¿estarías dispuesta entonces a escribir tus respuestas y enviármelas? De cualquier modo, quiero que sepas que estoy listo para escuchar lo que tengas para compartir. ¿Intentamos esto juntos?"

1. La Dra. Michelle dice que las personas que han sido heridas recuerdan lo que les sucedió por más tiempo y con más claridad que quien les hizo el daño. Por eso, quiero escuchar acerca de momentos en los que no fui el papá que tú necesitabas que fuera.
2. ¿Recuerdas algún momento en que hubieses deseado que yo estuviese presente para ti y no lo estuve?
3. ¿Recuerdas algún momento en que rompí una promesa que te había hecho?
4. ¿Recuerdas un momento en que yo no respondí de manera positiva hacia ti, habiendo fallado en escucharte o en conectar contigo?
5. ¿Recuerdas haberme visto tratar a uno de tus hermanos o a alguien más de manera positiva y no haberte tratado a ti de manera similar, como mostrando favoritismo?
6. La Dra. Michelle dice que un padre puede crear una aspiradora, succionando la vida de su hija. ¿Recuerdas algún momento en que hice o no hice algo que te hizo sentir de esa manera?

[Papá, si esto refleja lo que está en tu corazón, dile a tu hija, "basado en lo que has compartido conmigo el día de hoy, ahora entiendo más acerca de cómo he fallado en ser el padre que necesitabas en áreas

clave. Perdóname por . . . (se específico en mencionar momentos individuales en que fallaste en alcanzar su corazón). Podrías perdonarme por . . . (se específico). De hoy en adelante, me comprometo a . . .")

❝❝CITA PADRE E HIJA #47:
Preguntas acerca de los padres distraídos

Un día, viendo las noticias locales, mis oídos se agudizaron al escuchar que el titular se trataba de un estudio sorprendente acerca de ansiedad en perros. A causa de mi profesión, estoy consciente que la ansiedad es una realidad común para muchas personas, y me pareció fascinante el comentario de la presentadora de noticias cuando dijo: *"Los perros experimentan más ansiedad cuando sus dueños se encuentran distraídos en sus teléfonos móviles. Los perros incluso pueden malinterpretar la distracción de sus dueños como rechazo."*

Permíteme ser honesta contigo. Aunque aprecié mucho el escuchar las estadísticas acerca de los perros, me incomodó el hecho de que muchas veces, parece haber más sensibilidad hacia el estado emocional de un perro, comparado con la importancia que se le da al estado emocional de las personas que nos rodean.

Basada en este reporte, me pregunto si veríamos una disminución en los niveles de ansiedad en humanos si le pusiéramos atención a nuestros amigos caninos y, por ejemplo, dejáramos nuestros teléfonos móviles por un lado y así evitar que nuestra distracción sea tomada como rechazo. Sería totalmente diferente, otro estilo de vida si apagáramos nuestros móviles cuando estamos cara a cara con las personas que son importantes para nosotros y así no vernos interrumpidos por un ding, buzz o una notificación que no nos permite estar totalmente presentes. Y si en algo nos parecemos a nuestros amigos peludos, el impacto de tan drástico acto resultaría muy positivo en nuestras relaciones.

Las siguientes preguntas están diseñadas para que le preguntes a tu hija acerca del impacto que tus distracciones han tenido sobre ella, resultando en que no estés atento a sus deseos, necesidades y anhelos. Mi deseo no es incitar una actitud negativa hacia ti, sino facilitar una conversación para que ella pueda liberar dolores no expresados que pueda llevar dentro.

Esta es una manera de abordar la conversación con ella: "Hola, hija. Se que vivimos en un mundo de distracciones y mi deseo nunca ha sido comunicarte que eres menos importante que otras cosas, admito que muchas veces te he transmitido ese mensaje sin darme cuenta. Me gustaría que charlemos acerca de mi distracción y mi falta de atención en momentos que te han hecho sentir que no eres tan importante como realmente eres para mí. Si te parece bien, platiquemos acerca de esto."

1. Las distracciones se describen como cualquier cosa que nos priva de dar nuestra atención completa a algo y de concentrarnos causándonos agitación extrema o una mente inquieta. ¿Cómo definirías la *distracción*?

2. ¿Dónde o cuándo consideras que estás más propensa a distraerte? Déjame preguntarlo de otra forma: ¿Qué te distrae con más facilidad?

3. ¿Dónde o cuándo me ves luchar más con la distracción?

4. ¿Consideras que tengo un mayor problema de distracción como resultado de pasar tiempo en mi computador o en mi teléfono móvil, ver televisión o algo más? Mejor aún, me gustaría si puedes darle un punteo a cada una de las maneras en que consideras que me distraigo.

5. ¿Hay algún área que no tenga que ver con tecnología en la que me ves distraído [Ejemplo: Deportes, ejercicios, amigos, ministerio, pasatiempos, trabajo, etc.]?

6. ¿Qué mensaje comunico cuando me encuentro distraído o enfocado en cosas que parecen consumir una mayor cantidad de mi tiempo [Ejemplo: *"No eres importante"*, *"No importas"*, o *"No eres interesante"*]?

7. ¿Puedes compartir conmigo algún momento en que me encontraba tan distraído que no te presté atención y te causé una herida por esa falta de atención?

8. Apreciaría mucho escuchar lo que sientes cuando estoy

involucrado en otras cosas y no pongo atención a tus necesidades.

9. ¿Qué significaría para ti el que yo dejase mis distracciones por un lado intencionalmente cuando tú y yo estamos juntos, por ejemplo durante las comidas, nuestras citas de padre e hija, o cuando simplemente estamos pasando un rato?

10. Quiero ser el mejor padre para ti, así que me gustaría escuchar tus ideas acerca de cómo puedo disminuir esas distracciones y estar más atento a ti. ¿Cómo puedo hacer eso de una manera que te haga saber claramente cuán importante eres para mí?

"CITA PADRE E HIJA #48:
Preguntas si tú o la madre han tenido una infidelidad

Aunque esta sección pude ser extremadamente desafiante, si tú o la madre de tu hija han tenido una infidelidad, es importante reconocer las maneras en que la vida de tu hija se ha visto afectada, comenzando por su perspectiva acerca de los hombres y el sexo. También pudo haber influenciado su entendimiento acerca de la seguridad, el compromiso, la fidelidad y confianza (o la falta de) en una relación.

Por estas razones, vale la pena preguntarle a tu hija si quiere hablar contigo acerca del impacto que ha tenido la infidelidad en su vida. Y si no está dispuesta a hacerlo ahora, hazle saber que estás disponible para cuando ella esté preparada.

Las siguientes preguntas pueden generar emociones intensas de enojo o tristeza en tu hija, así que prepárate para escuchar atentamente mientras ella se desahoga. He conocido padres que se han sentado a escuchar conversaciones difíciles y "coloridas" con sus hijas acerca de este tema, tomando la decisión así de no preocuparse al escuchar improperios o palabras con rencor en ellas. Si puedes seguir el ritmo de tu hija a medida que libera lo que cree necesario expresar, serás un apoyo proactivo y significativo para su sanidad.

Puedes ajustar las preguntas de la manera que necesites si su mamá es quien ha sido infiel.

Esta es una manera de abordar el tema con ella: "Hola, hija. Sé que la infidelidad te ha afectado de manera significativa y es comprensible. Y aunque no puedo cambiar el pasado, te invito a compartir tu verdad con honestidad. Puedes decir lo que necesites decir y te prometo que no me enojaré ni tomaré una actitud defensiva. También quiero decir que quizá no pueda responderte todas las preguntas, porque algunas cosas deben permanecer privadas. Sin embargo, haré lo mejor de mi para ser tu caja de resonancia a medida que charlemos. ¿Qué dices?"

1. No hay palabras suficientes para decirte cuan arrepentido estoy de haber hecho lo que hice. Te aseguro que no estoy aquí para fabricar excusas. En cambio, quiero escuchar cómo mis acciones te han herido. Habiendo dicho eso, quiero comenzar por preguntarte si aún hay algo que quieras preguntarme acerca de lo que sucedió. Como dije antes, quizá deba obviar algunos detalles, pero pondré todo mi esfuerzo en honrar tus preguntas dándote respuestas razonables.

2. ¿De qué manera la infidelidad ha afectado la manera en que ves a los hombres, el compromiso y las relaciones? ¿Te causa temor el acercarte a los hombres? ¿O crees que todos los hombres engañan?

3. ¿Consideras que la infidelidad ha afectado la manera en que te relacionas con Dios? Si es así, ¿Cómo? Y si no es así, ¿Por qué no?

4. ¿Qué tipo de emociones has sentido como resultado de esto? [Papá, asegúrate de afirmar que es completamente normal sentir emociones como tristeza, enojo, confusión o miedo.]

5. ¿Qué te ha golpeado más acerca de todo esto?

6. ¿Qué ha hecho que te sientas triste en medio de todo esto?

7. ¿Qué te ha hecho enojar de todo esto?

8. ¿Qué te ha causado temor en medio de todo esto? [Papá, dale ejemplos como el impacto directo de una separación o un divorcio, miedo de que esto se repita con alguno de sus padres, miedo de sentirse atraída a un chico que la engañe ya que esta es la experiencia que tuvo contigo y su mamá.]

9. ¿Hay algo que aún quieras decirme acerca de este tema que aún no me has dicho? [Papá, aunque su mamá haya sido infiel, ella quizá tenga cosas que quiera decirte a ti que nunca expresó o que jamás pensó compartir antes.]

10. ¿Necesitas algo de mi para poder sanar y seguir adelante?

11. ¿De qué manera puedo apoyarte mejor ahora que todo está claro y expuesto?

[Papá, si esto refleja lo que está en tu corazón, dile a tu hija lo siguiente: "Gracias por abrir tu corazón de esa manera conmigo. Quiero expresarte esto desde lo más profundo de mi corazón acerca de lo que dijiste ... (asegúrate de validar su dolor, tristeza, enojo, sensación de traición, temor). Estoy seguro de que... (se específico en responder a lo que ella compartió contigo). ¿Me perdonas por ...? (de nuevo, se específico). Este es mi compromiso para ti de ahora en adelante..."]

CITA PADRE E HIJA #49:
Preguntas acerca del divorcio de sus padres

Las estadísticas de divorcio actuales en América varían, pero en consenso se ha determinado ser el 50 por ciento.[1] Con eso en mente, hay una posibilidad muy grande de que muchos de ustedes no estén casados o son padres que se han casado de nuevo buscando satisfacer las necesidades de tus hijos a pesar de las consecuencias de la disolución de un matrimonio o de una relación. Y aunque cambios significativos y positivos han ocurrido en la cultura de hoy en día viendo a los padres como figuras claves en la crianza de sus hijos, sabemos que después de un divorcio, los padres no siempre tienen acceso a sus hijos. Lo sé de primera mano porque he sido testigo de innumerables historias de parte de padres que se sienten indefensos muchas veces cuando esta es su realidad.

Si esta es tu historia, te acompaño con empatía.

Sin embargo, sin importar cómo te convertiste en padre soltero, no hay mejor momento que el presente para buscar el corazón de tu hija activamente, aun si viven en lugares diferentes.

Sin importar los retos, te corresponde a ti el determinar cómo hacerle saber a tu hija que tu amor por ella no depende de circunstancias inconclusas con su madre. Y porque muchas hijas se ven a sí mismas como un reflejo de sus madres, es vital que procures no expresar comentarios negativos acerca de tu ex. Esta es una de las circunstancias en que se hace realidad este dicho antiguo: *Si no tienes algo bueno que decir, es mejor no decir nada.*

Si eres como muchos hombres con quienes he hablado, quizá nunca propiciaste una conversación con tu hija acerca del impacto de la separación o el divorcio con su madre sobre su vida. Niños de todas las edades tienden a tener preguntas sin respuestas en estas situaciones, en las cuales adolecen de información necesaria para seguir adelante con sus vidas, necesitan permiso para comunicar sus emociones y opiniones acerca de los cambios que han experimentado desde la separación y el divorcio.

Papá, tienes la oportunidad de generar un cambio en tu hija, invitándole a expresarse, aunque la conversación tenga el potencial de ser difícil.

Las siguientes preguntas puede que te hagan concluir que todo era menos complicado antes de propiciar esta conversación con tu hija acerca de la separación o divorcio. Créeme, es mejor tener un desorden expuesto y liberado en lugar de guardar los sentimientos dentro donde pueden causar problemas a medida que pasa el tiempo (Ejemplo: Depresión, ansiedad, hasta una actitud suicida).

Adicionalmente, como ella no causó este desorden, debe saber que no es la culpable de que la relación de sus padres haya terminado mientras ella ha tenido que hacerle frente a las consecuencias. Es por esto por lo que es importante tomar responsabilidad y ayudar a tu hija a navegar este proceso.

Puede que estés en una situación en la que tu hija se considere más leal a su madre que a ti, ten por seguro que las temporadas cambian. Solo porque ahí es donde se encuentra ahora, no significa que siempre lo estará. Lo mejor que puedes hacer es comunicarle una y otra vez que siempre estarás ahí para ella, que siempre la amarás, y que quieres una relación continua con ella que no le requiera tomar partido.

Esta es una manera de abordar la conversación con ella: "Hola, hija. Se que a causa de la separación/divorcio, has tenido que navegar muchos desafíos. También sé que puedes tener algunas preguntas sin respuestas que necesites hacerme a mí. Simplemente quiero hacerte saber que estoy interesado en procesar esto contigo sin importar cuanto necesites o quieras, aunque parezca que no hay nada de qué hablar o si crees que yo no te entenderé. ¿Estarías dispuesta a hacerlo?"

1. ¿Cómo recuerdas la relación entre tu mamá y yo antes de saber que nos íbamos a separar y/o divorciar?

2. ¿Qué recuerdas del día en que te dijimos acerca de nuestra decisión de separarnos y/o divorciarnos? Si estás dispuesta a contarme la historia de nuevo, apreciaría mucho escucharla. [Cuanto más pueda contar la historia, más la ayudará a sanar.]

3. ¿Qué recuerdas sentir dentro, en tu corazón, mente, y emociones durante los primeros días o semanas en que esto estaba sucediendo?

4. ¿Qué era lo que más te atemorizaba en el momento en que te anunciamos nuestra decisión?

5. ¿Recuerdas lo que pensabas? Por ejemplo, ¿pensaste que tu futuro no se vería igual porque no estabas segura de con quien vivirías, cómo se verían las finanzas, etc.?

6. ¿Estabas enojada conmigo entonces, o desde entonces, aún lo estás?

7. ¿Qué es lo que yo aún no he comprendido acerca de cuán difícil ha sido esto para ti?

8. ¿Alguna vez pensaste que el divorcio era tu culpa? ¿Crees eso ahora?

9. ¿Consideras que ha habido consecuencias positivas a raíz del divorcio? [Ejemplo: Menos peleas, preferir un lugar para vivir en lugar del otro, etc.]?

10. ¿Cuál es tu opinión acerca del matrimonio, incluso acerca de chicos, ahora que tu mamá y yo tuvimos un matrimonio [o relación] que no duró?

11. ¿Tienes alguna pregunta acerca del divorcio en sí? Haré lo mejor de mí por responder, o al menos por hablar al respecto.

12. ¿Deseas agregar algo más sobre el impacto que esto ha tenido en ti o que aún no has tenido el valor de decir antes del día de hoy?

13. ¿Hay algo que pueda hacer para apoyarte sabiendo la realidad que vives como resultado del divorcio?

CITA PADRE E HIJA #50:
Preguntas acerca de tenerte como padrastro

Puede que te parezca interesante el saber que he incluido estas preguntas bajo la sección de lamento, particularmente si eres un padrastro que lleva una relación positiva con su hijastra. Si este es el caso, quiero celebrar contigo. Conozco muchos padrastros que han tomado las riendas y se han convertido en padres fuertes, fuentes de apoyo, padres que han dado mucho amor a sus hijos, quienes han sido tallados ya en sus corazones. Si esta es tu historia, puede que estas preguntas no sean de mucha ayuda.

Pero si tu hija está teniendo problemas para acercarse a ti, sé que esta interacción será el principio de una nueva conexión, a medida que la animas a charlar y ser honesta contigo.

Las siguientes preguntas están diseñadas para facilitar una conversación con tu hijastra en la que pueda expresar sus pensamientos y sentimientos.

Si su falta de transparencia contigo ha construido un muro emocional entre ustedes, el invitarla a abrir su corazón le hará saber que estás listo para hablar cuando quiera.

Esta es una manera de abordar el tema: "Hola, hija. No puedo tan siquiera comprender tu experiencia al tenerme como tu padrastro, y no he sabido cómo iniciar una conversación contigo al respecto. Pero me gustaría que tuviésemos una plática honesta acerca de nuestra relación, si tu estas dispuesta a hacerlo. La Dra. Michelle me ha dado unas preguntas para que comencemos. ¿Qué dices?"

1. Recordemos un poco. ¿Cómo fue para ti el enterarte de que tu mamá y yo estábamos saliendo con alguien más o que nos casaríamos?

2. En ese momento, ¿Qué pensabas o sentías acerca de lo que sería para tu padre biológico tenerme en sus vidas?

3. ¿Has sentido tu lealtad dividida entre tu padre y yo, como si tuvieses que escoger a uno o al otro?

4. Cuando llegué a tu vida (a la vida de tu familia), ¿alguna vez dije algo que no fue de ayuda o que fue insensible de mi parte decirte a ti, a tus hermanos, a tu mamá o incluso en cuanto a tu relación con tu padre?

5. ¿Qué ha sido lo más difícil de tenerme como tu padrastro?

6. ¿Ha habido algún aspecto positivo acerca de tenerme como parte de tu vida y/o en la vida de tu mamá?

7. ¿Qué consideras que es algo que me cuesta comprender acerca de lo que significa para ti ser parte de una familia mezclada?

8. Me gustaría saber cómo puedo ser de más apoyo para ti. ¿Estarías dispuesta a compartir algunas maneras en que yo pueda ser más comprensivo contigo?

[Termina la conversación con lo siguiente: "Quiero que sepas que estoy muy agradecido de tenerte como mi hijastra..." Seguido de, "gracias por tenerme paciencia. Realmente quiero ser el mejor padrastro que pueda ser para ti. Basado en lo que compartiste conmigo, esta es una manera más específica en que estaré en sintonía contigo ...]

❝❝ CITA PADRE E HIJA #51:
Preguntas para hijas distanciadas que están dispuestas a hablar

Recibo más correos electrónicos de parte de padres alrededor del mundo pidiendo consejo acerca de qué hacer con el distanciamiento de sus hijas que cualquier otra cosa. No hay siquiera algo que se le acerque. Por esta razón, decidí incluir en este libro una guía para que los padres puedan propiciar una conversación con sus hijas distanciadas, cuando llegue el tiempo correcto y cuando ella esté lista para revelar la historia detrás de su decisión de alejarse.

Si esta es tu situación, quizá te identifiques con las palabras de este padre quien con mucho dolor me escribió recientemente:

> Dra. Watson, ¿Qué puedo hacer para reconciliarme con mi hija distanciada? Me estoy recuperando del alcoholismo, y aunque estaba haciendo todo en mi poder por hacer el trabajo de sanar, ¿Por qué es tan difícil que mi hija me quiera en su vida? Me duele el corazón, y siento que una parte de mi está perdida. No puedo imaginar mi vida sin ella. Necesito sabiduría.

Me siento honrada cuando hay hombres que me buscan para pedirme consejos acerca de cómo sanar las relaciones rotas con sus hijas.

Como sabrás, mi objetivo consistente es animar a los padres a tomar acción. Y como la acción es el núcleo de ser un

superhéroe, tu misión debe ser facilitar una conversación en la que tu hija hable y tu escuches. Por eso, depende de ti, papá, el tomar la iniciativa, con creatividad, de acercarte al corazón de tu hija distanciada.

LA HISTORIA DE ED

Mi amigo, un ex mariscal de la NFL, Ed Tandy McGlasson, fundó una organización increíble llamada Blessing of the Father Ministries. Ed es una de las personas más apasionadas que conozco cuando se trata de comprender el poder de la bendición de un padre, y lo mueve a dar palabras de vida a hombres y mujeres en todas partes con mucho entusiasmo, afirmándoles cuánto Dios los ama como su Padre.

Una de las historias más poderosas que cuenta es la de un padre que no había visto a su hija en más de veinte años, ella tenía treinta años, y cada vez que intentaba contactarla, no había respuesta alguna. Desesperado por hallar dirección, se reunió con Ed, quien sugirió que no perdiera más tiempo, y que le escribiera las siguientes palabras exactamente a su hija distanciada: *Ayúdame a entender cuánto te he herido al divorciarme de tu mamá.* Una vez este padre escribió las palabras a su hija, ella inmediatamente le respondió.

Quizá haya palabras que necesites decirle a tu hija hoy: *"Ayúdame a entender cuanto te he herido al . . ."*

Por otro lado, Papá, muchas veces tu primera movida puede que requiera lo que podría parecer pasividad. Por decirlo de otra manera, al no moverte, avanzas. Permíteme explicarte. Si tu hija no está dispuesta a hablar contigo en este momento, debes honrar los límites y esperar a que ella te de una luz verde. Por fuera, esto puede parecer que no estás haciendo nada, pero en realidad esto te permite prepararte para cuando ella esté lista para comunicarse contigo. (Ver Apéndice A: Preparándote para reconciliarte con tu hija distanciada.)

Sin embargo, si tu hija distanciada está dispuesta a comunicarse contigo, el siguiente guión te ayudará a abordar la conversación.

Las siguientes preguntas están diseñadas para enseñarte cómo llamar a la puerta del corazón de tu hija con gentileza, si es que tiene un rótulo que dice "Papá no me molestes" colgado. Dependiendo del nivel de apertura y disposición de responder, necesitarás ir a su ritmo en cuanto al cómo, cuándo y dónde tengan esta conversación.

Si tu hija distanciada no se siente segura a tu lado, puedes intentar propiciar la comunicación a distancia. Las opciones incluyen escribir estas preguntas y enviarlas por medio de correo electrónico o correo regular, enviárselas a ella por mensaje de texto (si es el medio de comunicación de preferencia), o hablar por teléfono a medida que leen las preguntas.

Esta es una manera de abordar el tema con ella: "Hola, hija. Entiendo que no me debes esta conversación, sin embargo, quiero que sepas que estoy profundamente consciente de la distancia entre nosotros a medida que pasa el tiempo. Sé que te he herido, y no sé por dónde comenzar esta conversación contigo. Por eso, he tomado la decisión de utilizar las preguntas que la Dra. Michelle ha escrito para padres que se encuentran en lo que ella llama "un puente bombardeado" con sus hijas. Quiero comenzar diciendo que deseo sanar nuestra relación y estoy listo para escuchar lo que necesites decirme. Prometo no interrumpirte y no tomar una actitud defensiva o enojarme. Dime con honestidad, ya sea en persona o por escrito, lo que quieras decirme acerca de cómo he herido tu corazón y tu vida. Tomo responsabilidad por el dolor que te he causado, mi deseo es enmendar para que la sanidad pueda suceder. Por estas razones y más, te invito a responder a estas preguntas a tu propio ritmo. Cuando estés lista, yo estaré aquí para hablar y escuchar."

1. Aunque me hayas contado ya la historia, ¿me podrías decir de nuevo, de qué manera te he herido?

2. A medida que recuerdas lo que sucedió, ¿qué impacto tuvieron mis acciones sobre ti en ese momento? Sé que pueden ser muy diferentes a lo que sientes hoy.

3. ¿Qué necesidades tenías en ese momento a las cuales no les di mi atención? ¿Y ahora?

4. Como resultado de mis respuestas en ese momento hacia ti, ¿Qué creías *acerca* de ti misma en ese momento? ¿Y ahora?

5. Como resultado de mis respuestas en ese momento hacia ti, ¿Qué creías acerca de *mí* en ese momento? ¿Y ahora?

6. ¿De qué manera se ha visto afectada tu perspectiva hacia los chicos/hombres o Dios como resultado del dolor o a consecuencia de la distancia entre nosotros?

7. ¿De qué manera se ha visto afectada tu vida a causa del distanciamiento conmigo, ya sea de manera positiva o negativa?

8. ¿Hay algo más que necesites o que quieras decirme?

9. ¿Existe una manera en que pueda arreglar las cosas contigo? Si es así, ¿Cómo se vería ese proceso para ti?

[Papá, si esto refleja lo que está en tu corazón, dile a tu hija lo siguiente: "Habiendo escuchado tu corazón y lo que te causa dolor, quiero agradecerte por tu honestidad y decirte cuánto siento que ... (se específico en reconocer cada cosa que ella ha compartido contigo). Ahora quiero pedirte que por favor me perdones por ... (de nuevo, se específico). Este es mi compromiso hacia ti de ahora en adelante ..."]

❝❝CITA PADRE E HIJA #52:
Preguntas acerca de la rivalidad entre hermanos

Soy la mayor de cuatro hijas, y por defecto, esto siempre significó que tuve acceso a privilegios antes que mis hermanas. Y como todos los primogénitos lo saben, somos generalmente los primeros en hacer muchas cosas y con frecuencia tenemos más libertad simplemente por ser los mayores. Esto puede inspirar a nuestros hermanos más pequeños a seguir nuestros pasos o crear en ellos celos y rivalidad.

La unión entre hermanos tiende a ser complicada y compleja, influenciada por factores como el orden en que nacieron, el trato de sus padres, personalidades/temperamentos y experiencias de vida, así como las diferencias intelectuales, atléticas, musicales y otras habilidades o destrezas.[2][3][4]

De acuerdo con la investigadora Kyla Boyse, cada niño en una familia está compitiendo por la atención de sus padres mientras logra definirse a sí mismo o a sí misma como un individuo diferente a sus hermanos.[5]

Papá, puedes ser un soporte para tu hija a medida que sana sus heridas, escuchándola y honrando su historia y los desafíos que ha tenido o que tiene con sus hermanos, los cuales decide compartir contigo.

Las siguientes preguntas le darán a tu hija el permiso de expresar cómo se relaciona con sus hermanos, lo cual te permitirá comprender de qué manera ella ha sido afectada por las personalidades, el orden en que nacieron, las dinámicas de género etc. Si tus hijos viven en un hogar diferente a raíz de un divorcio, esto contribuirá a la tensión entre hermanos, incrementando así la necesidad de que escuches la experiencia de tu hija desde su punto de vista.

Esta es una manera de abordar la conversación con ella: "Hola, hija. Se que no siempre es sencillo navegar la relación entre hermanos, especialmente cuando hay celos o cosas que no parecen ser justas. Aunque nunca ha sido nuestro deseo como padres el ser parciales con nuestros hijos, sé que quizá no siempre sientas que las cosas son iguales para todos, lo cual puede provocar rivalidad entre hermanos. ¿Estarías dispuesta a compartir cómo ha sido para ti el relacionarte con tus hermanos? Quiero ver las cosas a través de tus ojos. ¿Qué te parece?"

1. La rivalidad entre hermanos significa que hay celos o peleas entre hermanos y hermanas. ¿Has experimentado alguna de esas situaciones con tus hermanos? Si es así, ¿Cómo ha sido tu experiencia?

2. La rivalidad entre hermanos incluye el tema de la competitividad. ¿En qué áreas has competido con tus hermanos o cómo han competido entre ustedes? ¿Qué impacto ha tenido en tu vida?

3. ¿Ha habido situaciones en las que has sentido que debes competir por mi atención o en qué has sentido que he propiciado el que compitas con tus hermanos?

4. ¿Has pensado por qué existe la rivalidad entre hermanos? ¿Qué tal las raíces de celos hacia los padres o factores como favoritismo o inseguridad percibidas?

5. ¿Puedes compartir acerca de una o dos peleas, verbales o físicas que recuerdes haber tenido con tus hermanos? ¿Cuál fue la razón de la pelea? ¿Cómo terminó y se resolvió?

6. ¿Qué no he entendido acerca de cómo has interactuado con tus hermanos con el pasar de los años, especialmente en áreas en las que haya conflicto o tensión?

7. ¿En qué áreas has tenido conflicto en hallar tu lugar o tu voz alrededor de tus hermanos? ¿O no has tenido problemas?

8. ¿Alguna vez he hecho o no algo que te hizo sentir que no tenías apoyo o que no te hizo sentir incluida, especialmente comparado a cómo me viste interactuar con tus hermanos?

9. ¿Qué ideas tienes para poder incrementar la armonía, fortalecer la unidad y mejorar la relación entre tu y tus hermanos?

10. ¿De qué manera puedo ayudarte cuando te encuentres luchando por poder relacionarte con tus hermanos?

11. Si algún día te gustaría escuchar cómo fue para mis hermanos y yo crecer juntos (incluso como es ahora) en áreas de celos o competencia, házmelo saber. Me gustaría compartirlo contigo.

❝❝CITA PADRE E HIJA #53:
Preguntas acerca de ser adoptada

Una vez más, quizá te preguntes por qué las preguntas acerca de adopción se encuentran en la sección de lamento, especialmente si has adoptado a una hija y tienes una excelente relación con ella. Si esa es tu realidad, ¡estoy sinceramente emocionada por ti! Sin embargo, no es la historia de todos, y por esa razón, he decidido incluir estas preguntas para propiciar un diálogo más profundo, una unión más profunda y una sanidad más profunda.

HISTORIA POR LA DRA. MICHELLE

Me encantan las historias de adopción. Hay una historia en particular que tiene un lugar especial en mi corazón. Mi hermana Susan y su esposo, Bob, lucharon con la infertilidad por años, y en un glorioso día recibieron la noticia de que una madre biológica los había elegido a ellos para adoptar a su hijo recién nacido. Cinco años después, fueron elegidos para adoptar a un segundo hijo, completando así a su familia.

Estos chicos no habrían sido más amados si hubiesen crecido en el vientre de mi hermana. (*A ella encanta decirles que crecieron en su corazón, no en su vientre, ¡especialmente en la celebración anual de su adopción!*)

Sin embargo, a pesar de haber sido deseados, elegidos y atesorados por sus padres adoptivos, muchos chicos adoptados sienten un dolor profundo dentro de sí mismos. Muchas veces incluso el amor más fuerte y consistente en el mundo no hace menos el dolor de un abandono y rechazo asumido por parte de sus padres biológicos, tampoco responde todas sus preguntas acerca de porqué fueron dados en adopción. Uno de los hijos de mi hermana, ha aceptado ser adoptado, el otro, lucha constantemente con eso, expresando el dolor de *"no ser deseado"* por sus padres biológicos.

Yo sufro con él porque quizá nunca obtenga las respuestas que desea y necesita. Pero al mismo tiempo, no puedo imaginar a nuestra familia sin estos dos magníficos hombres en ella, y estoy agradecida porque Dios permitió que fueran parte de nuestras vidas.

Si tu hija no está lista para hablar abiertamente acerca de su adopción, podrías preguntarle si estaría dispuesta a escribirse contigo por medio de un diario, por correo electrónico o por correo regular. Si no es así, tendrás que esperar, pero con esta invitación le estás haciendo saber que la puerta está abierta para cuando el tiempo sea el correcto para ella.

Las siguientes preguntas tienen el potencial de crear una unión más profunda entre tú y tu hija adoptiva, a medida que la invites a compartir contigo lo que está en su mente y corazón.

Esta es una manera de abordar la conversación con ella: "Hola, hija. Me hace tan feliz el que seas mi hija, porque ser tu papá es uno de los más grandes privilegios y alegrías en mi vida. Me encantaría que tuviéramos una conversación más profunda acerca de tu adopción para que pueda yo escuchar tus pensamientos y sentimientos alrededor de eso, ahora, puede ser que te encuentres en un lugar diferente al que te encontrabas en el pasado. ¿Estarías dispuesta a tener esta conversación conmigo?"

1. ¿Qué recuerdas acerca de la primera vez que escuchaste acerca de tu adopción?
2. En caso de que hayas olvidado algún detalle, me gustaría contarte la historia de nuevo. *["Esto es lo que recuerdo de la primera vez que supimos que serías nuestra/mía y la primera vez que te tuve en mis brazos..."]*
3. ¿Qué significa para ti el ser adoptada?
4. Específicamente, ¿Qué sientes en tu corazón al reflexionar acerca de haber sido adoptada por nuestra familia? ¿Piensas más en haber sido elegida por nosotros o acerca de haber sido dada en adopción por tus padres biológicos?
5. ¿Cuál es la mejor parte de ser adoptada?
6. ¿Qué es lo más difícil de ser adoptada?
7. ¿Hay algo que yo no entiendo acerca de lo que representa para ti el ser adoptada?
8. ¿Consideras que hay maneras en que soy insensible hacia ti cuando se trata de comprender tu historia con la adopción?
9. ¿Te gustaría saber más acerca de tus padres biológicos, o estás satisfecha con lo que sabes ahora?

[Papá, si esto refleja lo que está en tu corazón, dile a tu hija lo siguiente: "Así fue cuando te vi por primera vez . . . y esto es lo que significa, que eres increíble, bella y una hija única . . ."]

❝❝CITA PADRE E HIJA #54:
Preguntas acerca de la muerte de un ser querido

Quizá hayas crecido en una familia en la que no era tolerado mostrar emociones como tristeza o temor, especialmente para los chicos. Quizá escuchabas mensajes como *"los hombres de verdad no lloran"* porque *"solo los cobardes muestran debilidad."*

Tristemente, considero que, como resultado de este tipo de pensamiento, muchos hombres no solo no saben cómo sentir y conectar realmente con sus emociones, sino tampoco aprendieron cómo liberar otro sentimiento que no sea el enojo. (Si te identificas con esto, te recomiendo leer un libro fantástico escrito por mi buen amigo Marc Alan Schelske titulado *The Wisdom of Your Heart: Discovering the God-Given Purpose and Power of Your Emotions*.)

Las hijas, sin embargo, tienen una manera muy peculiar de llegar al corazón de su padre, he observado que los hombres fácilmente se sienten inspirados a recorrer más distancias para lograr conectar con sus hijas, muchas veces llegan a lugares que nunca creyeron ser capaces de alcanzar. Y como las niñas y mujeres tienden a responder mejor a emociones más suaves, una hija inconscientemente abre un camino para que su padre expanda su banda emocional solo para ella.

Cuando se trata de acompañar a tu hija por medio de una experiencia dolorosa en la vida como lo es una pérdida o una muerte, el mejor regalo que le puedes dar es quedarte con ella en el proceso emocional. Este tipo de respuesta comunica que estás con ella sin importar lo que conlleva expresarse, incluyendo sus lágrimas, temores y preguntas.

Para muchas personas, el duelo no tiene una fecha de vencimiento, así que esto requerirá seguir *su* ritmo durante el proceso entero de acuerdo con su necesidad.

Cuando se trata de lidiar con una pérdida, no siempre sabemos qué hacer con nuestras emociones tan intensas. He hablado con hombres y mujeres que han enviudado, padres e hijos que han perdido a un ser querido, y repetidamente han compartido que muchas personas no saben qué decirles como resultado de experimentar esa pérdida. En consecuencia, muchas veces nadie dice nada, lo cual incrementa su sentimiento de soledad y dolor.

Papá, si deseas que tu hija se sobreponga rápidamente a su tristeza porque el verla pasar dolor incrementa tu angustia, *recuerda que tu objetivo es proveer un lugar seguro para que ella pueda expresar sus emociones y hablar acerca de su duelo, lo cual la llevará por un camino de sanidad, y al mismo tiempo profundizará su cercanía a ti.*

Las siguientes preguntas servirán de guía para darle a tu hija el permiso de abrir su corazón contigo acerca de sus sentimientos de pérdida y dolor por la muerte de un ser querido, ya sea una persona o una mascota.

Si no entiendes todo lo que ella está sintiendo, (en cuanto a intensidad y duración), al mantenerte consciente de que tu trabajo no es repararla o quitar su dolor, descubrirás que tu presencia será un regalo muy preciado para ella. La unión más fuerte que podemos tener con otra persona, se llama trauma bonding (Unidad producto de un trauma). Así que a medida que te sumerjas en el proceso de duelo con tu hija, se formará un vínculo más profundo entre ustedes.

Esta es una manera de abordar este tema con tu hija: "Hola, hija. Sé cuán difícil ha sido este momento en tu vida, ya que perdiste a _____. También he aprendido que, si ponemos nuestros sentimientos en palabras, eso nos ayudará a sanar, porque de esa manera estaremos honrando a nuestro ser querido hablando acerca del impacto positivo que tuvo en nuestras vidas. ¿Estarías dispuesta a charlar conmigo acerca de tu profunda tristeza mientras te hago preguntas que te permitan compartir más acerca de lo que llevas dentro de tu corazón?"

1. Se que cuando perdemos a alguien cercano a nosotros, ya nunca más somos la misma persona. Y no solo nos cambia a nosotros, el mundo ya no se siente igual sin ellos aquí. Por eso es muy poderoso el saber que llevamos su amor dentro de nosotros para siempre. Me gustaría escuchar más historias acerca de _____ para recordar juntos y así honrar su memoria y lo que aportó a tu vida.

2. ¿Qué es lo más duro de que esa persona se haya ido?

3. ¿Qué extrañas más acerca de él o ella?

4. ¿En qué momento es más difícil para ti? Déjame preguntarte de otro modo: ¿hay momentos en el día, diferentes sitios o fechas específicas que traen recuerdos que te hacen extrañar más?

5. Si pudieras decirle algo a esa persona en este momento, ¿qué sería?

6. ¿Alguna vez te has enfadado con Dios o lo has culpado por llevarse a esa persona? Si es así, ¿cómo se siente eso? Si no es así, ¿Por qué no?

7. Recibiste un aporte eterno por parte de esta persona que se ha quedado dentro tuyo y nadie te lo puede quitar, y por eso te pregunto, ¿Qué regalos eternos y hermosos has recibido a medida que meditas en lo que esta persona invirtió en ti? [Ejemplo: Confianza, amor, amistad, lecciones de vida, etc.]

8. ¿Hay alguna manera en que pueda yo ser más sensible a tus sentimientos de dolor y tristeza en este momento?

[Termina con, "me pregunto si podemos tener una lluvia de ideas acerca de cómo honrar su vida y legado. Tengo unas ideas para comenzar: Podríamos plantar un árbol en su honor, o podrías escribir una carta, y podríamos ir a un lugar especial en el que la leyeras en voz alta y yo pueda escucharte."]

PARTE TRES
DÁNDOLE LA VUELTA AL GUIÓN

Preguntas para que las hijas les hagan a sus padres

Esta sección de guiones se verá un poco diferente porque ahora, le toca a tu hija hacerte las preguntas a ti. Mejor dicho, es momento de darle la vuelta al guión.

Con la base sólida establecida hasta el momento en su relación, estas preguntas están diseñadas para enseñarle a tu hija cómo llevar conversaciones más profundas haciendo preguntas que fomenten el pensamiento. *¡Y con quien mejor que contigo!*

Similar a la manera en que has utilizado los guiones anteriores en este libro, tu hija utilizará estas plantillas para incrementar sus habilidades interpersonales por medio de consultas intencionales y el escuchar con atención. Y como ya has modelado cómo se ve el aprender sobre la marcha, es muy probable que ella esté dispuesta a entablar estas conversaciones contigo porque ya le demostraste cómo se hace.

Te animo a presentarte listo para compartir historias de tu vida, incluso esas que no has contado antes. A tu hija le encantará conocerte aún mejor, lo cual hará que se sienta más cerca de tu corazón.

Permíteme repetir este principio: **La mejor manera en que una mujer conecta consigo misma y con otros es hablando. Cuando nosotras, las mujeres, abrimos la boca, nuestros corazones se abren automáticamente. Y cuando el corazón de una hija está abierto, el corazón de su padre se abre espontáneamente,** por eso subrayo la importancia de fortalecer la relación con tu hija, de modo que ahora eres tú quien habla y ella quien escucha.

12. ENSÉÑALE A ESCUCHAR

En esta sección de guiones, tu objetivo es facilitar la activación de la voz de tu hija, permitiéndole a ella hacerte preguntas acerca de tu vida a medida que perfecciona su habilidad para escuchar.

A primera vista, quizá estés inclinado a evadir esta sección de guiones, posiblemente por temor a ciertas partes de tu vida con las que tu hija se pueda encontrar durante sus consultas. Habiendo dicho eso, te insto a que te armes de valor y tomes este desafío, aunque incómodo por momentos, con la disposición de enfrentar lo desconocido con ella.

Siempre puedes establecer los parámetros al principio, haciéndole saber a tu hija que si un tema está demasiado cerca de ser incómodo (quizá por la naturaleza sensible de la información o contenido confidencial que esté ligado a la historia y que no te incumbe contar), con amabilidad le informarás que hay temas que pueden no ser apropiados para su edad, o que no consideras sea lo mejor para ella conocer. *Entonces simplemente puedes pasar a la siguiente pregunta.*

Recuerda que nosotras las hijas, no esperamos que ustedes, los padres sean perfectos, que no hayan tomado decisiones tontas antes o hayan elegido un camino poco sabio. Cuando te vemos como un ser humano auténtico quien admite haber cometido errores en el camino, te hace aún más real y accesible, y te respetamos aún más por haber salido adelante a pesar de los problemas y los desafíos.

Nos inspira cuando escuchamos acerca de los obstáculos que has vencido para estar donde te encuentras hoy, lo cual nos da aún más libertad de decirte lo que sucede en nuestras vidas.

Adicionalmente, papá, cuando le cuentas historias acerca de tu propia vida a tu hija, sirve como un recordatorio de que has aprendido de la manera difícil, otorgándote así más gracia ante ella en la etapa en que se encuentre hoy.

Y aunque tu hija se entere o no que crecerá por medio de este proceso de hacerte preguntas y escuchar tus respuestas, la realidad es que esta es una habilidad vital para poder avanzar y para aprender a hacer preguntas e investigar con cuidado y con interés genuino en su prójimo.

Puede que esté diciendo lo obvio, pero quiero subrayar que el escuchar de verdad se ha convertido en un arte perdido en medio de esta era tan apresurada, impulsada por la distracción, por la tecnología, especialmente con las generaciones Z, Millennial y Alfa. Y con un alto porcentaje de nuestra interacción social eludiendo el contacto personal, la única manera de expandir nuestra capacidad de tener relaciones interpersonales sanas, es comenzar por admitir que hay una gran necesidad de mejorar en esta área, acompañada de oportunidades que provean experiencias interactivas para aprender.

A simple vista, esto es lo que tendrás que poner en práctica durante la interacción por venir con tu hija a medida que modeles lo que escuchar activamente significa:

- **Haz** contacto visual.
- **Acércate.**
- **Asiente** con tu cabeza para mostrar que estás atento a la discusión.
- **Haz** preguntas que comuniquen interés genuino.
- **Responde** de maneras auténticas y sinceras (Ejemplo: Risa, gozo, lágrimas, tristeza, etc.).
- **Deshazte** de distracciones y mantente enfocado como una manera de honrar a tu hija.

Y antes de entregar los guiones a tu hija, recuerda ir a su ritmo basándote en su edad y nivel de madurez. Afirmando su disposición de intentar algo nuevo. Incluso, siéntete libre de sugerirle que escriba lo que dices en este libro o en un diario, así como tú lo has hecho con sus respuestas a tus preguntas. Puede que sea suficiente con que ella te escuche (lo cual todos sabemos es trabajo duro) sin escribir las respuestas simultáneamente, sin embargo, eventualmente puedes invitarle a hacerlo, especialmente si percibes que está lista para incrementar su competencia interpersonal.

Llegó el momento de sumergirte en este proceso de equipar a tu hija para utilizar su voz a medida que te hace preguntas y mejora su habilidad para escuchar.

❝CITA PADRE E HIJA #55:
Preguntas acerca de tu vida cuando eras niño

Esta sección de preguntas guiará a tu hija a hacerte preguntas generales acerca de cómo creciste.

Recuerda divertirte mientras cuentas las historias, consciente de que es más importante construir un puente entre ustedes que intentar responder todas las preguntas rápidamente.

Puedes darle este libro a tu hija y dirigirla a decirte esto: "Papá, ahora me toca a mi preguntarte acerca de tu vida. Aquí vamos."

1. ¿Cómo eras cuando tenías mi edad?
2. ¿Quién fue uno de tus amigos más cercanos mientras crecías? ¿Qué significó para ti tenerle como amigo/amiga, y qué hacían juntos? ¿Qué aprendiste de tu amistad con él/ella?
3. ¿Cómo te divertías cuando tenías mi edad (o en cualquier momento de tu infancia)?
4. ¿Qué tipo de estudiante eras cuando tenías mi edad?
5. ¿Cuándo obtuviste tu primer trabajo? ¿Cómo fue? ¿Recuerdas cuánto te pagaban?

6. ¿Dime algo de lo mas tonto que has hecho?

7. ¿Dime algo de lo que te arrepientes que sucedió durante tu infancia (o cuando tenías mi edad)?

8. Dime uno de tus recuerdos más felices de la infancia.

9. Dime algo que lograste cuando tenías mi edad aproximadamente y que te hizo sentir orgulloso.

10. ¿Creciste cerca de tus primos? Si es así, ¿En dónde vivían? ¿Qué tan frecuentemente se visitaban?

11. ¿Tenías vacaciones en familia cuando eras niño? Si es así, ¿A dónde ibas y que hacías?

12. ¿Tuviste mascotas preferidas cuando eras niño? Si es así, ¿De qué raza eran y cuáles eran sus nombres?

13. ¿Dime algo que nadie te enseñó y que tuviste que aprender de la manera más difícil?

14. Cuando tenías mi edad, ¿Qué hubieses deseado que tus padres, maestros o pastores de jóvenes te hubiesen dicho acerca de la vida, del amor, de Dios o de cualquier otro tema?

15. Dime algunas lecciones que has aprendido en tu vida, cosas que el hombre que hoy eres le diría a la versión pequeña de ti.

"Gracias, Papá. Me encantó aprender más acerca de ti el día de hoy. ¡Hagamos esto de nuevo!"

CITA PADRE E HIJA #56:
Preguntas acerca de tus padres, tu infancia y la dinámica familiar en tu casa

1. Dime tres adjetivos que utilizarías para describir tu relación con tu padre y tu madre cuando eras chico.

Padre: 1._____ 2._____ 3._____

Madre: 1._____ 2._____ 3._____

2. ¿Eras más cercano a tu madre o a tu padre cuando tenías mi edad? ¿Siempre fuiste cercano a él/ella o cambió con el tiempo al encontrarte en una etapa diferente en tu vida?

3. ¿Cómo era tu hogar cuando eras chico? ¿Era feliz/hostil/divertido/santo? ¿Tenían tradiciones semanales, mensuales o anuales? ¿Tus padres trabajaban fuera o en casa?

4. ¿Comían como familia en la mesa, o veían televisión mientras comían? ¿Quién preparaba la comida con más frecuencia, mamá, papá o alguien más? ¿Cuáles eran tus comidas favoritas cuando tenías mi edad?

5. ¿Qué hacías en tu casa durante los fines de semana? [Ejemplo: Tareas domésticas, tareas de la escuela, ir a la iglesia, deportes, pasatiempos, etc.] ¿Tenían actividades en familia o solían hacer todo independientemente?

6. Desde tu punto de vista, ¿cómo era el matrimonio de tus padres cuando eras chico?

7. ¿Cómo era tu relación con tu padre cuando tenías mi edad?

8. ¿Puedes decirme más acerca de tu papá? ¿En donde nació? ¿Cuál era su etnia? ¿Eso afectó su vida de alguna manera? ¿A qué se dedicaba [o se dedica]?

9. ¿Estarías dispuesto a contarme acerca de alguna ocasión en que tu padre *restó* (tuvo una reacción negativa) de la cuenta de su relación, ya sea causándote una herida o dejando de invertir en ti de la manera que necesitabas o deseabas?

10. Dime algo que tu papá hizo para *sumar* (una interacción positiva) a tu vida.

11. ¿Cómo era tu relación con tu mamá cuando tenías mi edad?

12. ¿Consideras que tu mamá *restó* de la cuenta de su relación que la impactó de manera *negativa*?

13. ¿Dime algo *positivo* que recuerdas que tu mamá hacía, que impactó tu vida para bien?

14. ¿Consideras que tus padres mostraron favoritismo, o los trataron a ti y a tus hermanos por igual?

15. Viendo hacia el pasado, ¿Qué es lo que más te gustaba de tu familia?

❝❝CITA PADRE E HIJA #57:
Preguntas acerca de cómo la relación con tu padre impactó tu vida

Papá, quiero subrayar dos cosas importantes antes de que tu hija te haga las siguientes preguntas:

1. Ya que este libro trata de padres e hijas, este cuestionario se enfoca en la relación con tu padre, sin embargo, puedes sentirte libre de insertar la palabra *madre* a cualquiera de estas preguntas en caso de que prefieras compartir más acerca de esa relación con tu hija.

2. Puede que sientas el impulso inmediato de proteger a tu hija de ver a su padre (o madre) de manera negativa, lo cual otros hombres me han confesado es su razón de evadir el *"sacar los trapitos de la familia al sol"* con sus hijas, provocándote el desviarte y no revelar ciertas historias. Obviamente debes honrarte a ti mismo, pero permíteme instarte a intentar compartir algo que nunca has compartido con ella. Observa cómo reacciona y si consideras que su respuesta es apropiada y sana, entonces puedes revelar más.

1. Dime algunos de tus recuerdos preferidos acerca de las palabras *positivas* que tu padre dijo sobre ti.

2. ¿Tuviste alguna otra figura paterna, alguien que haya sido un modelo positivo para seguir y que profirió palabras de vida y de afirmación hacia ti? [Ejemplo: Abuelo, tío, maestro, entrenador, pastor, etc.] ¿Qué recuerdas haber aprendido de ellos y qué recuerdas de todo lo que te dijeron?

3. ¿Recuerdas a tu papá profiriendo palabras *negativas* sobre ti? Si es así, ¿estarías dispuesto a compartirme más acerca de esas palabras?

4. ¿Cómo te hicieron sentir esas palabras *negativas*? ¿Qué impacto tuvieron a lo largo de tu vida, y aún vienen a tu mente esas palabras? Si es así, ¿Cómo las manejas para que no te definan o te derroten?

5. Dime algunos de tus mejores recuerdos con tu padre.

6. Dime algunos de los peores o más difíciles recuerdos que tienes con tu padre.

7. ¿Te hubiese gustado que tu padre te comprendiera mejor cuando eras chico, quizá algo que les permitiera llegar a ser más cercanos?

8. Dime algunas de las razones por las cuales estás agradecido cuando se trata de los aportes que tu padre hizo a tu vida.

9. Papá, quiero transportarnos al presente y charlar acerca de las palabras. Durante nuestra cita padre e hija, un tiempo atrás, me hiciste la siguiente pregunta, y hoy te la quiero hacer yo a ti: ¿Puedes recordar algún momento en que dije algo que te hirió, y que se quedó dentro de ti, o que aún ves en tu cabeza? ¿Qué dije?

[Hija: Si esto refleja lo que está en tu corazón, di algo como esto: "Papá, disculpa por decir _____ (se específica). Por favor perdóname por decirte eso, porque esas palabras no reflejan lo que está en mi corazón. Quiero reparar y reconstruir nuestra relación. Gracias. Te amo."]

[Termina con, "Terminemos de manera positiva. Papá, para asegurarme de que escuches mis palabras el día de hoy, estas son tres cualidades que admiro, respeto y amo acerca de ti. . ."]

❝❝CITA PADRE E HIJA #58:
Preguntas acerca de tu historial con drogas, alcohol y cualquier tipo de adicción

1. ¿Puedes describir cómo era la situación con drogas y alcohol cuando tenías mi edad? (Ejemplo: En tu escuela, comunidad y a nivel nacional)

2. ¿Qué reglas te hacían cumplir tus padres cuando eras chico en cuanto al alcohol, los cigarrillos, fumar marihuana y drogas?

3. ¿Tenemos alcoholismo y abuso de sustancias en el historial de nuestra familia? Si es así, ¿estarías dispuesto a darme más detalles?

4. ¿Seguías las reglas o te rebelabas y/o experimentabas con las drogas y el alcohol? Reconozco que quizá no me quieras decir nada de esto, pero me gustaría escuchar lo que puedas contarme cómodamente.

5. ¿Consideras que tus convicciones morales o creencias espirituales acerca del uso de sustancias o del uso recreacional del alcohol y drogas ha cambiado desde que tenías mi edad?

6. ¿Te arrepientes del uso o falta de uso que le diste al alcohol y las drogas?

7. ¿Te preocupa el que yo use drogas o alcohol? Si es así, ¿Por qué te preocupas? Y si no es así, ¿Por qué no?

8. ¿Por qué crees que las personas eligen beber? [Ejemplo: Por diversión, para encajar, socializar, para adormecer emociones, para rebelarse, etc.]

9. ¿Has luchado, o luchas en este momento, con establecer límites personales en cuanto a lo que bebes o fumas? Si es así, ¿Cómo decides cuando ya es demasiado?

10. Se que todos debemos comprender las situaciones por nuestra cuenta, pero ¿Qué deseas tú en cuanto a mi relación con las drogas y el alcohol?

🔳CITA PADRE E HIJA #59:
Preguntas acerca de la historia de tu vida romántica

1. Papá, aunque suene cursi para ti, ¿puedes hablarme acerca de la primera chica que te gustó y acerca de tu primera novia?

2. ¿Tuviste novia cuando tenías mi edad? Si no es así, ¿Por qué no?

3. Viendo hacia atrás, ya con todo lo que ahora sabes, ¿dirías que fuiste buen novio? ¿Eras atento, caballeroso, romántico, amable, etc.? Si no es así, ¿Por qué no?

4. ¿Te arrepientes acerca de cómo tratabas a las mujeres, hayan sido o no tu novia, especialmente cuando tenías mi edad? ¿Qué tal ahora que has crecido? ¿O eras un chico estelar cuando se trataba de honrar y respetar a las mujeres?

5. ¿Qué te dirías a ti mismo si te encontraras con tu versión adolescente acerca de salir en citas y romance?

6. ¿La presión para tener relaciones sexuales era común en la cultura de cuando tenías mi edad comparada con cómo es ahora? ¿O consideras que la actividad sexual era mejor esconderla en ese tiempo?

7. ¿Cómo era visto el sexo en la cultura en que creciste, en casa, en la escuela y en la iglesia?

8. Me gustaría escuchar la historia de cómo te enamoraste de mi mamá. ¿Qué fue lo que te llamó la atención acerca de ella y cómo la "enamoraste"? [Dile a tu padre que comparta solamente lo positivo, nada negativo. Y si ya no está casado con tu mamá, dile que aún está bien responder esa pregunta ya que está hablando de tu ADN.]

9. ¿Sabes algo acerca de cómo mi Abuelo se ganó el corazón de mi Abuela o algo acerca de su boda? Me gustaría escuchar tantas historias como pueda acerca de su relación y romance.

10. ¿Tienes preocupaciones acerca de mí en cuanto al tema de ir a citas y romance?

11. ¿Puedes describir el amor por el que vale la pena esperar?

12. ¿Qué cualidades, carácter y personalidad crees que son ideales para mi compañero de vida?

13. ¿Consideras que todos tenemos un alma gemela, o crees que eso es una fantasía? Si crees en las almas gemelas o algo parecido, ¿tienes algún consejo de cómo puedo esperar al *"hombre indicado"*?

14. ¿Qué consideras que me hace *"un buen prospecto"*?

15. ¿Qué lecciones has aprendido acerca del amor que te hubiese gustado saber cuando tenías mi edad?

CITA PADRE E HIJA #60:
Preguntas acerca de cómo te identificas con Dios

1. ¿Cómo describirías el ambiente espiritual en tu casa cuando eras chico?

2. ¿Qué significaba la iglesia o que no significaba para ti cuando tenías mi edad?

3. ¿Quiénes fueron tus mentores o modelos a seguir espirituales cuando tenías mi edad?, ¿Qué tal ahora?

4. ¿Cómo era tu relación con Dios cuando tenías mi edad?

5. ¿Tenías prácticas espirituales cuando tenías mi edad o en otro momento de tu vida que ves como algo *positivo* o *edificante* para ti?

6. ¿Tenías prácticas espirituales cuando tenías mi edad o en otro momento de tu vida que ahora ves como algo *negativo* o *hiriente* para ti?

7. ¿Cuál era tu perspectiva acerca de La Biblia cuando tenías mi edad y cómo eso afectó tus decisiones y tu vida diaria en ese momento? ¿Qué tal ahora? ¿De qué manera La Biblia ha impactado tus decisiones y tu vida diaria actualmente?

8. ¿Consideras que tu mamá y tu papá te inspiraron a querer acercarte a Dios? ¿Qué modeló cada uno de ellos en cuanto a lo que significaba tener una relación con Dios?

9. ¿Qué tal tus abuelos? ¿Alguno de ellos modeló una vida espiritual positiva o una relación con Dios que respetabas?

10. Dios se describe como un Padre, ¿De qué manera tu perspectiva de Dios fue afectada por tu papá?

11. Todos sabemos que no existen los padres perfectos. ¿Alguna vez has tenido que resolver o estás en el proceso aún de resolver *"problemas"* con tus padres, para poder ver a Dios como realmente es, en lugar de verlo a través del filtro de tu padre y madre terrenales?

12. ¿De qué maneras alimentas tu espíritu y buscas una relación con Dios actualmente?

13. ¿Qué esperas y anhelas para mí en cuanto a la madurez y el crecimiento espiritual en esta etapa de mi vida?

[Termina con, "Papá, me encanta haberme acercado a ti en este proceso de aprender más acerca de tu vida, así como tú has aprendido más acerca de la mía. Sigamos haciendo de nuestras citas padre e hija una prioridad, porque quiero que mantengamos el interés. Estoy agradecida de tenerte como mi padre. Gracias por invertir en mí."]

DE PARTE DE LA DRA. MICHELLE PARA TI, PAPÁ

Lo último que quisiera compartir contigo, papá, es mi más grande elogio y aplauso por la manera en que te comprometiste a este viaje de buscar el corazón de tu hija de manera intencional por medio de conversaciones.

Y cómo me has escuchado decir en repetidas ocasiones, cuando nosotras, las chicas y las mujeres sabemos que somos amadas por nuestro padre, tenemos una seguridad mayor, un sentido de protección, una mejor autoestima, compasión más profunda y mayor empatía, lo cual nos permite dar más amor, ya que nuestro tanque de amor está lleno. Esto es en parte, gracias a los aportes consistentes de tu parte, papá.

Y en caso de que no lo hayas escuchado lo suficiente, quiero que sepas que: ya que eres el primer hombre que la amó, siempre serás un hombre importante en la vida de tu hija. *Así que te toca nunca darte por vencido en cuanto a buscar su corazón de la manera que ella necesita y merece.*

Sería para mí un honor escuchar tus historias de cómo el haber completado el trabajo en este libro te llevó a escribir *"el libro de jugadas"* de tu hija. Me encantaría escuchar acerca de cómo tú y tu hija se han acercado a medida que le has hecho las preguntas, propiciando así conversaciones más profundas. ¡Siente la confianza de escribirme para que pueda yo también celebrar contigo! Mi correo electrónico es drmichelle@thedadwhisperer.com.

Y para todos ustedes quienes se encuentran en una posición difícil con sus hijas, los acompañaré a orar por una relación restaurada.

Para finalizar este viaje, el cual comenzó con esta simple y profunda palabra de invitación hacia tu hija—*"Hablemos"*— quisiera compartir un acróstico utilizando las letras T-A-L-K (Hablemos) el cual subraya los componentes requeridos para mantener la conversación avanzando en los siguientes días, meses y años.

Te garantizo que el hacer estas cuatro cosas, te posicionará en un lugar cercano a tu hija por el resto de su vida.

TIME (TIEMPO)-Porque la palabra amor se deletrea T-I-E-M-P-O, recuerda que no puedes lograr tiempo de calidad sin cantidad de tiempo.

AFFECTION (AFECTO)-Porque una caricia sana de parte de un padre lleva a una mejor autoestima en su hija, haz el compromiso de ser cálido y amoroso en maneras que demuestren afecto físico a tu hija.

LISTEN (ESCUCHA)-Como el escuchar afirma que tu hija tiene valor para ti, continúa expandiendo tu capacidad de darle toda tu atención y de ser "todo oídos" cuando ella habla.

KINDNESS (AMABILIDAD)-Como el hacer todo lo que haces con amabilidad mantendrá abierto el corazón de tu hija, es vital asegurarse de que la ley de la amabilidad sea quien guíe tus respuestas hacia ella. (Gálatas 5:22)

Así es que si algún día te encuentras un poco desviado en la relación con tu hija, quizá un poco confundido también acerca de qué camino tomar, estoy segura de que esta sencilla palabra, y todo lo que significa, vendrá de inmediato a tu mente: "¡Hablemos!"

PREPARÁNDOTE PARA RECONCILIARTE CON TU HIJA DISTANCIADA

Como ya me has escuchado decir, al menos el 75 por ciento de los correos electrónicos que recibo de parte de papás alrededor del país, incluyen preguntas desesperadas acerca de qué hacer con hijas distanciadas. Reconozco que siempre hay mucho más contenido en una historia de lo que yo alcanzo a escuchar, pero continuamente insto a los padres a validar a sus hijas, incluyendo también una dosis de afecto. Lanzo un reto a los padres de hacer lo que se necesite para arreglar las cosas, para enmendar y para marcar una diferencia en la relación con sus hijas, en cuanto dependa de ellos (Romanos 12:18).

Habiendo dicho eso, si estás alejado de tu hija, a continuación, te comparto maneras en que puedes prepararte ahora, para cuando ella esté lista para volver a entablar una relación contigo.

1. **Ora por restauración.** Comprendo que muchas veces podemos sentir que nuestras oraciones se detienen en el techo. Pero papá, es importante recordar que nuestras oraciones están siendo escuchadas por Abba Padre, quien dice que, si clamamos a Él, Él nos responderá y nos dará a conocer *"cosas grandes y ocultas"* que no sabemos (Jeremías 33:3). Simplemente debemos recordar que el tiempo de Dios y el nuestro rara vez coinciden, pero ya que Él siempre trabaja detrás de cámaras, podemos confiar en que Él hará todo hermoso en su momento (Eclesiastés

3:11). Él también desea que los corazones de los padres se reconcilien con los de sus hijos, seguido de que los hijos se reconcilien con sus padres (Malaquías 4:6). De manera que a medida que apeles a Dios, tú Padre, estás hablando con El que te dio con un corazón semejante al suyo y El que busca los corazones de sus hijos aun cuando lo rechacen. Pídele que se mueva de maneras en las que solo un verdadero Padre puede, porque Él ya estuvo donde tu estas ahora. Escribe tu petición de oración y agrégale la fecha para que puedas ver cómo Dios responde a medida que persistes en el camino de la oración.

2. **Asume tu responsabilidad:** Sé que muchas veces puede ser difícil ver la viga en nuestro propio ojo y más fácil enfocarnos en la astilla en el ojo de alguien más (Mateo 7:5). Y cuando hay resentimiento entre padre e hija, al punto en que el puente entre ellos se encuentra débil o completamente destruido, es tu decisión, papá el pedirle a Dios que examine tu corazón (Salmo 139:23) y estar dispuesto a admitir tu culpa. Para decirlo de otra manera, el punto de partida es viéndote al espejo (Santiago 1:22-25). Autoevaluándote con honestidad, incluso pidiendo opinión a otros, establecerá una base de humildad, disposición y apertura para el momento en que la relación con tu hija se restaure.

3. **No te tomes el rechazo personal si la distancia entre tú y tu hija honestamente no tiene nada que ver contigo.** Mantente firme en la realidad de que ella debe resolver esto a su manera y a su tiempo, mientras tu descansas sabiendo que no hay nada que puedas hacer para agilizar el proceso. Si la distancia entre ustedes se debe a un divorcio, recuerda que muchas hijas sienten un vínculo más fuerte con sus mamás, así causando distanciamiento de sus padres. Y ya que el divorcio no fue culpa de tu hija, tampoco fue su elección, ella entonces debe lidiar con las consecuencias. Por eso es importante que honres su proceso, el cual es muy diferente al tuyo, creyendo siempre lo mejor de ella aun cuando hay distancia entre ustedes dos (Filipenses 4:8).

4. **Ve hacia adelante con apertura y anticipación.** Una de mis historias favoritas en La Biblia se encuentra en Lucas 15:11-32 en la que Jesús comparte una parábola para que sus seguidores comprendieran más acerca de Su Padre. Para ilustrar, utiliza cinco maneras en que el padre de la historia vuelve a relacionarse con su hijo distanciado, proveyendo así un mapa para todos aquellos padres que se encuentran en la misma situación con su hija. En el versículo 20, leemos que el padre *vio* a su hijo (lo cual significa que estaba constantemente buscándolo), *se compadeció de él*; *salió corriendo a su encuentro, lo abrazó y lo besó*. Esta es la perfecta postura de cinco hechos que se necesitan para un padre con una hija distanciada, modelada nada menos y nada más que por el verdadero Padre, nuestro Padre Celestial; lo cual significa que estás abierto a una reconciliación cuando tu hija por fin decida regresar a casa. Nada de sermones. Sin juzgar. Solamente amor puro e incondicional.

5. **Compra un diario y utilízalo para escribirle a ella.** ¡Este punto es uno de mis preferidos! Ya que incluirás la fecha de cada entrada; este diario servirá como una cápsula del tiempo en el que grabarás tus pensamientos acerca de tu hija, tus sueños para su futuro, palabras de ánimo, oraciones por ella, afirmaciones amorosas y positivas, y cosas que quisieras poderle decir si estuviese presente. Esto es más para ti que para ella porque te dará la oportunidad de escribir lo que llevas dentro y no cerrarte en este tiempo sin contacto. Luego, al llegar el momento correcto, lo cual puede que esté lejos aún, tendrás este regalo para darle a tu hija, haciéndole saber que nunca estuvo lejos de tu corazón a pesar de la distancia. Le dará una prueba de que el poder de tu amor se mantuvo sólido aun cuando ella creía lo contrario. (Obtuve esta idea gracias a mi amigo Don Blackwell, quien comparte acerca de las cartas que le escribió a su hija durante su tratamiento por un trastorno alimenticio en su libro *Dear Ashley: A Father's Reflections and Letters to His Daughters on Life*, Love and Hope.[1] Lo he adaptado para hacerlo más aplicable a padres con hijas distanciadas.)

6. **Invierte en un diario de viaje.** Si comienza a haber un mover positivo entre tu hija y tú, compra un libro en el que ambos puedan escribir. Luego háganselo llegar el uno al otro. Es poco común practicar la palabra escrita, pero es exactamente eso lo que hace que la idea sea especial. En el diario puedes escribir preguntas para que ella pueda compartir acerca de si misma antes de dárselo. Después, ella puede escribir en él y regresártelo a ti con preguntas para que respondas. Si desde el principio no le llama la atención la idea porque no sabe qué hacer o no le gusta escribir, puedes comenzar haciéndole las preguntas divertidas en las citas Padre e Hija #1 a la #11, las cuales son una gran manera de propiciar una conversación honrando la distancia. Otra opción es intercambiar palabras por medio de un documento compartido desde sus computadoras.

Como lo subraya Lucas 15, quiero exhortarte con estas palabras: **No te desanimes aun cuando tu hija se encuentra lejos de ti y posiblemente tomando decisiones que te causan dolor.** Haz lo que Dios, como un buen Padre hace y mantén tu corazón abierto esperando que tu hija regrese, *sin importar cuánto tiempo tome*, creyendo que necesita tus oraciones para sanar, aunque no se encuentre lista para relacionarse contigo. Así es como le darás vida al amor ágape, como alguien que ama incondicionalmente.

Una cosa más: si tu hija está dispuesta a conversar contigo, ya sea en persona, por correo electrónico o mensajes de texto, o por teléfono, puedes utilizar las preguntas en la Cita Padre e Hija #51: Preguntas para hijas distanciadas que están dispuestas a hablar.

10. Estoy menos indeciso y más seguro de buscar una relación con ella de lo que estaba al principio de este viaje. _____

11. He completado mi tarea en este libro con consistencia, de manera que le he demostrado mi amor activamente a mi hija. _____

12. Estoy buscando nuevas formas de edificar su autoestima. _____

13. Después de escucharla decir, *"Me siento más amada por mi papá cuando ..."* he buscado reforzar mi amor hacia ella de esa manera específicamente. _____

14. Estoy más consciente de mi tono y de la manera en que me comunico con ella desde que la he guiado a responder las preguntas en este libro. _____

15. Le doy más cumplidos, afirmándola como una niña/mujer por quién es y por lo que hace. _____

16. Sabiendo que el afecto físico que le doy le ayuda a llenar un vacío que podría hacerle buscar afecto físico de parte de otros, he sido más afectivo con ella. _____

17. Estoy más consciente de hacerle saber que mi aceptación no está basada en su apariencia, logros, actitud o comportamiento. _____

18. En general, estoy aprendiendo a reaccionar menos y ser más proactivo y amable en mis respuestas hacia ella. _____

19. Comparto más acerca de mi vida (presente y pasada) con ella ahora, comparado al momento en que comencé este viaje junto con ella. _____

20. Como resultado de invertir en su vida y corazón durante este proceso, estoy más dispuesto a continuar derramando mi amor por ella sin importar las respuestas o reacciones que obtenga. _____

Ahora suma cuantas tuviste en cada categoría:

A_____ B_____ C _____ D _____ E _____ F _____

Utiliza tu punteo para resaltar tu crecimiento, así como también para identificar las áreas específicas en que necesitas enfocarte y reforzar.

A = Excelente

B = Muy bien

C = Bien

D = Necesita mejorar

E = No más excusas

NOTAS

¿Por qué este libro?
1. Phil Knight, Shoe Dog (New York, NY: Scribner, 2016), 381.

2. Linda Nielsen, "How Dads Affect Their Daughters into Adulthood," The Christian Post, 3 de junio, 2014, https://www.christianpost.com/news/how-dads-affect-their-daughters-into-adulthood.html.

Capítulo 1 Tienes lo que se necesita
1. Ken Canfield, The Heart of a Father (Chicago, IL: Northfield Publishing, 2006), 30–31.

2. Como es indicado por Linda Nielsen, Father-Daughter Relationships (New York: Routledge Publishing, 2012); Nielsen, Between Fathers and Daughters (Nash- ville: Cumberland House Publishing, 2008); Meg Meeker, Strong Fathers, Strong Daughters (Washington, D.C.: Salem Books, 2012); James Dobson, Bringing Up Girls (Carol Stream, IL: Tyndale House Publishers, 2010, 2018).

Capítulo 4 ¿Por qué es importante escuchar a tu hija?
1. Albert Scheflen, Body Language and the Social Order: Communication as Behavioral Control (Upper Saddle River, NJ: Prentice Hall, 1972); Scheflen, "The Significance of Posture in Communication Systems." Psychiatry Interpersonal and Biological Processes (Vol. 27/Ejemplar 4, 2016), 316–331.

2. Deborah Tannen, You Just Don't Understand: Women and Men in Conversation (New York, NY: William Morrow Paperbacks, 2007).

Capítulo 5 ¿Cómo invitar a tu hija a participar de este proceso?
1. Alan Smyth, Prized Possession: A Father's Journey in Raising His Daughter (Bloomington, IN: AuthorHouse, 2013), 27.

Capítulo 8 Enséñale a REÍR
1. Sandra Manninen, Lauri Tuominen, Robin I. Dunbar, Tomi Karjalainen, Jussi Hirvonen, Eveliina Arponen, Riitta Hari, Iiro P. Jääskeläinen, Mikko Sams, and Lauri Nummenmaa, "Social Laughter Triggers Endogenous Opioid Release in Humans," The Journal of Neuroscience, 21 junio 2017, 37(25) 6125-6131; DOI: https://doi.org/10.1523/JNEUROSCI.0688-16.2017.

Capítulo 9 Enséñale a AMAR
1. Gary Smalley y John Trent, The Two Sides of Love (Carol Stream, IL: Tyndale, 2006).
2. Gary Chapman, The Five Love Languages (Chicago, IL: Northfield Pub- lishing, 1992).
3. Gary Smalley, The 5 Love Languages of Teenagers (Chicago, IL: Moody), 12.
4. Smalley, The 5 Love Languages of Teenagers, 15.
5. Meg Meeker, TEDx "Good Dads—The Real Game Changer," 15 de octubre, 2014, https://www.youtube.com/watch?v=pQ-3Dkrt-8O4.
6. Estadísticas tomadas de "Battling Our Bodies: Understanding and Over-coming Negative Body Images," Center for Change, 2014, www.centerforchange .com; Margo Maine, Body Wars: Making Peace with Women's Bodies (Carlsbad, CA: Gurze Books, 1999); Nancy Etcoff y Susie Orbach, "The Real Truth about Beauty: A Global Report" (Por Dove, a Unilever Beauty Brand, 2004).
7. Citas from Ziauddin Yousafzai de su TED talk, 2014 "My Daughter, Malala," https://www.ted.com/talks/ziauddin_yousafzai_my_daughter_malala.
8. Lin Bian, Sarah-Jane Leslie, y Andrei Cimpian, "Gender stereotypes about intellectual ability emerge early and influence children's interests," Science 29, Ejemplar 6232 (2017): 389–391.
9. "Barbie Pushes Global Initiative To Champion Girls' Limitless Potential With 'Dream Gap Project,'" 9 de octubre, 2018, https://www.prnewswire.com/news-releases/barbie-pushes-global-initiative-to-champion-girls-limitless-potential-wi-

th-dream-gap-project-300727390.html; "About the Dream Gap Project Fund," https://barbie.mattel.com/en-us/about/dream-gap.html.

10. Dr. Seuss, The Lorax (Nueva York, NY: Random House, 1971).

11. Secret Millionaire, "Scott and Alexa Jacobs: Newark, NJ," https://abc.com/shows/secret-millionaire/episode-guide/season-03/01-scott-and-alexa-jacobs -newark-nj.

Capítulo 10 Enséñale a VER

1. Joe Kelly, Dads and Daughters (New York, NY: Broadway Books, 2003), 22.

2. Katty Kay y Claire Shipman, The Confidence Code for Girls: Taking Risks, Messing Up, and Becoming Your Amazingly Imperfect, Totally Powerful Self (Nueva York, NY: HarperCollins, 2018).

3. Frederick Buechner, Telling Secrets (San Francisco, CA: HarperSanFran- cisco, 1991), 45.

4. Mary Pipher, PhD, Reviving Ophelia: Saving the Selves of Adolescent Girls (New York, NY: Ballantine Books, 1995), 20, 22.

5. David Dobbs, "Teenage Brains," National Geographic, octubre 2011, https://www.nationalgeographic.com/magazine/2011/10/beautiful-brains/.

6. Pooh's Grand Adventure, Walt Disney Studios, video, 1997.

7. Anxiety and Depression Association of America (ADAA), accesado en 2019, https://adaa.org.

8. "Anxiety and Depression in Children," Understand the Facts, Anxiety and Depression Association of America, 2018, https://adaa.org/living-with-anxiety/children/anxiety-and-depression; "Anxiety and Depression in Children," Centers for Disease Control, 2019, https://www.cdc.gov/childrensmentalhealth/depression .html; "Major Depression," National Institute of Mental Health, 2019, https://www.nimh.nih.gov/health/statistics/major-depression.shtml.

9. "Electronic Cigarettes," Centers for Disease Control and Prevention, https:// www.cdc.gov/tobacco/basic_information/e-cigarettes/; Carl Nierenberg, "E-Cig- arettes: What Vaping Does to Your Body," 16 de mayo 2016, https://www.livescience. com/54754-what-e-cigarettes-do-in-your-body.html.

10. "CDC: Report Possible Vaping-associated Pulmonary Illness," American Academy of Family Physicians, 2019, https://www.aafp.org/news/health-of-the -public/20190827vapingillness.html.

Notas

11. John Lynch, Bruce McNicol, y Bill Thrall, The Cure (Dawsonville, GA: Trueface, 2016), 69–77.

12. Jessica Gwinn, "Overuse of Technology Can Lead to 'Digital Dementia,'" Alzheimers.net, 12 de noviembre 2013, https://www.alzheimers.net/overuse-of-tech nology-can-lead-to-digital-dementia/.

13. John Blake, "Why Young Christians Aren't Waiting Anymore," CNN, 27 de septiembre 2011, http://religion.blogs.cnn.com/2011/09/27/why-young-chris tians-arent-waiting-anymore/.

14. Megan Maas, "Dear Parents, Here's Why Your Teens Think Sexting Is 'No Big Deal,'" For Every Mom, 28 de enero, 2019, https://foreverymom.com/family -parenting/dear-parents-heres-why-your-teens-are-sexting-dr-megan-mass/; Maas, "Your Teen Could Be Sexting—7 Things Every Smart Parent Should Know," For Every Mom, 1 de febrero, 2017, https://foreverymom.com/family-parenting/parents -need-know-teens-and-sexting-dr-megan-maas/; "'Send Nudes': Sexting Is the New Normal For Students Everywhere, Research Finds," Fight the New Drug, 1 de julio, 2019, https://fightthenewdrug.org/sexting-new-normal-students-everywhere/.

15. Ann Brenoff, "The 12 Apps That Every Parent of a Teen Should Know About," 17 de febrero, 2016, HuffPost, https://www.huffpost.com/entry/the-12 -apps-that-every-parent-of -a-teen-should-know-about_n_56c34e49e4b0c3c55 052a6ba.

16. Monica Hesse, "Dear Dads, Your Daughters Told Me About Their As- saults. This Is Why They Never Told You," Washington Post, 2 de octubre, 2018, https://www.washingtonpost.com/lif estyle/style/dear-dads-your-daughters-told -me-about-their-assaults-this-is-why-they-never-told-you/2018/10/01/0f 69be46 -c587-11e8-b2b5-79270f 9cce17_story.html.

17. Michael Dimock, "Defining Generations: Where Millennials End and Gen- eration Z Begins," Pew Research Center, 17 de enero, 2019, https://www.pewre search.org/facttank/2019/01/17whe re-millennials-end-and-generation-z-begins/.

18. Caroline Bologna, "What's the Deal With Generation Alpha 8 de noviembre, 2019, https://www.huffpost.com/entry/genera tion-alpha-after-gen-z_l_5d420ef4e4b0aca341181574.

19. Mobile Fact Sheet, Pew Research Center: Internet & Technology, 28 de diciembre, 2019, https://www.pewresearch.org/internet/fact-sheet/mobile/.

20. "What Is Cyberbullying," accesado 2019. Stopbullying.gov. https://www.stopbullying.gov/cyberbullying/what-is-it.

21. Kind Campaign, https://www.kindcampaign.com/about/.

22. Curtis Silver, "xHamster 2019 Trend Report Shows Women Rule and We Are Paying for Porn Again," 2019, https://www.forbes.com/sites/curtissilver/2019/01/09/xhamster-2019-trend-report.

23. Todd Love, "Pornography Addiction: A Review and Update in Behavioral Sciences," 388–433; "How Porn Changes the Brain," 2019, https://fightthenewdrug.org/how-porn-changes-the-brain/; Kiel Brown, "How Pornography Impacts Violence Against Women and Child Sex Abuse," 2019, https://www.focusfor health.org/how-pornography-impacts-violence-against-women-and-child-sex-abuse/; "Violence Against Women on the Internet," "Violent Repercussions of Pornography," 1994, https://cyber.harvard.edu/vaw02/mod2-6.htm.

24. "What Are Eating Disorders?" National Eating Disorders Association, accesado el 28 de diciembre, 2019, https://www.sciencedaily.com/releases/2008/04/080422202514.htm.

25. "Survey Finds Disordered Eating Behaviors Among Three Out of Four American Women," UNC School of Medicine, 2008, http://www.med.unc.edu/ www/newsarchive/2008/april/survey-finds-disordered-eating-behaviors-among-three-out-of-four-american-women.

26. "Self-injury/Cutting: Symptoms and Causes, Diagnosis and Treatment," Mayo Clinic, accesado 2019, https://www.mayoclinic.org/diseases-conditions /self -injury/diagnosis-treatment/drc-20350956.

27. To Write Love on Her Arms, https://twloha.com/learn/.

28. Margo Maine, Body Wars: Making Peace with Women's Bodies (Carlsbad, CA: Gurze Books, 2000), Acknowledgments.

29. Suicide Rates Rising Across the U.S. (2018). Centers for Disease Control, https://www.cdc.gov/media/releases/2018/p0607-suicide-prevention.html; Kwawu, Hannah. Suicide Statistics We'd Like to Change in 2019. (2018). Crisis Text Line, https://www.crisis-textline.org/blog/change-the-stats.

30. Adolescent Health. (2017). Centers for Disease Control, https://www.cdc.gov/nchs/fastats/adolescent-health.htm.

31. Understand the Facts: Suicide and Prevention. (2018), Anxiety and Depression Association of America, https://adaa.org/

understanding-anxiety/suicide; Preventing Suicide. (2018). Centers for Disease Control, https://www.cdc.gov /media/releases/2018/ p0607-suicide-prevention.html.

Capítulo 11 Enséñale a LAMENTAR
1. Key Statistics from the National Survey of Family Growth: Divorce and Marital Disruption, 2017, https://www.cdc.gov/ nchs/nsfg/key_statistics/d.htm #divorce; "Marriage and Divorce," 2019, American Psychological Association, https://www.apa.org/ topics/divorce/; Renee Stepler, "Led by Baby Boomers, Di- vorce Rates Climb for America's 50+ Population," Pew Research Center, https:// www.pewresearch.org/f act-tank/2017/03/09/led-by-baby-boomers-divorce-rates -climb-f or-americas-50-population/.

2. Fatima Kamran, "Are Siblings Different as 'Day and Night'? Parents' Per- ceptions of Nature vs. Nurture," Journal of Behavioural Sciences, Vol. 24, No.2, 2016, https://www.questia.com/library/ journal/1P3-4311900131/are-siblings-diff erent-as-day-and-night-parents.

3. Slava Dantchev, Stanley Zammit, y Dieter Wolke "Sibling bullying in mid- dle childhood and psychotic disorder at 18 years: a prospective cohort study," Psychological Medicine, Oct. 2018, Vol. 48, Ejemplar 14, 2018, https://www.cambridge .org/core/ journals/psychological-medicine/article/sibling-bullying-in-middle-childhood-and-psychotic-disorder-at-18-years-a-prospective-cohort-study/4B750A 1729BA23DFA0CFE96B3F01A9E9

4. Xiaoran Sun, Susan M. McHale, y Kimberly A. Updegraff, "Sibling Expe-riences in Middle Childhood Predict Sibling Differences in College Graduation," Child Development, abril 2018, https://srcd.onlinelibrary.wiley.com/doi/full/10 .1111/cdev.13047

5. Kyla Boyse, "Sibling Rivalry," Your Child, University of Michigan Health System, https://www.mottchildren.org/posts/your-child/sibling-rivalry.

Apéndice A: Preparándote para reconciliarte con tu hija distanciada.
1. Don Blackwell, Dear Ashley (New York, NY: Morgan James Publishing, 2012).

Michelle Watson Canfield, PhD, es una consejera profesional certificada, oradora, autora y conductora de *The Dad Whisperer* (La Consejera de Padres), vive en Fayetteville, Arkansas. Como fundadora de The Abba Project (El Proyecto Abba), un proceso de nueve meses en un foro de grupo para padres con hijas de trece a treinta años, la Dra. Michelle se apasiona por equipar e inspirar a padres a acercarse a los corazones de sus hijas con intencionalidad y consistencia. Puedes hallar más información visitando www.drmichellewatson.com.

Made in the USA
Columbia, SC
20 June 2023

18384065R00139